AF515078

Fremdheitserlebnisse und Helferphantasien unter dem Einfluss von Ethnozentrismus

Eine soziologische Studie

von

Stefan Wahle

Diplom-Sozialökonom

www.sw-sportbuch.de

FSC
www.fsc.org
MIX
Papier aus verantwortungsvollen Quellen
Paper from responsible sources
FSC® C105338

Impressum

© 2018 Copyright by Stefan Wahle,

Hamburg, 3. Auflage

Autor: Stefan Wahle

www.sw-sportbuch.de
info@sw-sportbuch.de

Fan-Page von Stefan Wahle

bei Facebook.com:

www.facebook.com/Stefan.Wahle.Autor

Verlag und Herstellung:

BoD – Books on Demand, Norderstedt

ISBN 978-3-7448-2338-8

Inhaltsverzeichnis

1. Einleitung, Fragestellung 7

2. Allgemeine Ausführungen zum Thema 13

2.1. Ethnozentrismus 13

2.2. Das Bild des Schwarzafrikaners und seine Entstehungsgeschichte 41

3. Ethnozentrismus in der typischen Weise des Eurozentrismus gegenüber Afrika anhand von zwei Beispielen 73

3.1. Beispiel Karlheinz Böhm 73

3.1.1. Kurzer Lebensabriss 74

3.1.2. Der Helfer Karlheinz Böhm 78

3.2. Beispiel Albert Schweitzer 118

3.2.1. Kurzer Lebensabriss 118

3.2.2. Der Helfer Albert Schweitzer 128

4. Ethnozentrismus anhand eines Beispiele innerhalb Europas (Reisebericht von George Sand: "Ein Winter auf Mallorca") 165

4.1. Hintergrund französische Wirtschaftsgeschichte 166

4.2. Zur Person "George Sand" 190

4.3. Der Reiseverlauf und die Teilnehmer 194

4.4. Beschreibung der volkswirtschaftlichen und gesellschaftlichen Verhältnisse auf Mallorca 200

4.5. Wie George Sand die Bewohner Mallorcas sah und einschätzte 211

4.6. Wie die Bewohner George Sand und ihre Reisegefährten sahen und beurteilten 217

4.7. Das grundsätzliche Problem und das Fazit daraus 220

5. Fazit 227

6. Literaturverzeichnis 238

1. Einleitung, Fragestellung

Dieses Buch beschäftigt sich mit der Fragestellung „In welchem Maß werden Fremdheitserlebnisse und Helferphantasien durch Ethnozentrismus beeinflusst und wie wirkt sich dieser Umstand auf die *„Bilder in unseren Köpfen“* aus?“.

Jeder Mensch hat im Rahmen seiner Sozialisation die in seiner Gesellschaft vorherrschenden Normen und Werte internalisiert und nimmt im Rahmen dieses Gesamtkontextes Sinneseindrücke wahr. Aufgrund dieser Tatsache, die vom Betroffenen nicht bewusst wahrgenommen wird, gibt es quasi keine reinen *objektiven Erkenntnisse.* Die Art und Weise der Wahrnehmung und der Umgang mit dem Wahrgenommenen unterliegen also verschiedenen Einflüssen, wobei sich dieses Buch mit dem Einflussfaktor Ethnozentrismus auseinandersetzt. Im Sinne dieses Buches wird unter Ethnozentrismus die Setzung der eigenen Ethnie als Maßstab jeglicher Beurteilung verstanden. So wird die eigene Gesellschaft, deren Organisation, die eigene Kultur und die Werte und Normen auf den Altar des göttlichen gehoben, indem man das „Eigene" als einzig erstrebenswerte ansieht, in den Mittelpunkt setzt und das „Fremde" an diesem Maßstab misst und beurteilt (Stichwort *Fremdheitserlebnisse*; wie objektiv können diese überhaupt sein?). Andersartiges wird nicht als gleichwertig akzeptiert, sondern als „unterentwickelt" bezeichnet. Gleichzeitig setzt geradezu ein missionarischer Eifer ein, dem „Unterentwickelten" auf eine höhere Stufe des Daseins zu verhelfen (Stichwort *Helferphantasien*).

Bei den für diesen Bereich ausgewählten Beispielen, die noch näher betrachtet werden sollen, handelt es sich um so bekannte Autoren und Helfer, wie Albert Schweitzer und Karlheinz Böhm. Deren allgemein hochgeschätztes Engagement für die Hilfe in *unterentwickelten* Ländern kann der dahinterstehende, durchaus gut gemeinte Wille mit Sicherheit nicht abgesprochen werden. Dennoch ist es u.a. Zweck dieser vorliegenden Studie, die Arbeit und die Aussagen der besagten Helfer genau zu prüfen. In ihrer Sprache und ihrem Denken können nämlich wohlmöglich unterschwellig rassistische Einstellungen ausgemacht werden, die ihnen selbst nicht bewusst sind, da auch hier wieder internalisierte Normen und Werte die Sichtweisen und das eigene Denken prägen. Letztendlich ist jeder Mensch ein Produkt seiner Gesellschaft, in der er lebt. Diesem gesellschaftlichen Entwicklungsprozess der Menschen kann sich kaum jemand entziehen.

Der Eurozentrismus ist eine spezielle Form des Ethnozentrismus, indem hier Europa und dessen Kultur als Mittelpunkt und Maßstab angesetzt werden. Dies geschieht insbesondere gegenüber den Ländern Afrikas, worauf später noch ausführlich eingegangen wird. Dass jedoch Europa selbst keine homogene Zone der Geburtsstätte der *„höheren Kultur“* darstellt, zeigen zum Teil erhebliche europainterne Unterschiede, die zu Problemen führen können. Auch hierfür wurde zur Illustration ein Beispiel herausgegriffen, wofür der Reisebericht „Ein Winter auf Mallorca“ von George Sand aus dem 19. Jahrhundert ausgewählt wurde.

Zunächst wird unter Gliederungspunkt 2. dieser Studie allgemein auf das Thema eingegangen. Es werden nähere Ausführungen zum Begriff des Ethnozentrismus und zum Bild des Schwarzafrikaners, und wie es bei uns (in Europa) entstanden ist, gemacht. Besonders interessant erscheint dabei die Darstellung des Wandels vom *„edlen Wilden“* (eher positives Bild, obwohl auch hier bereits die

Begrifflichkeiten kritisiert werden könnten) zum *„faulen Neger“* (extrem negatives Bild) und welche Absichten mit dieser geradezu künstlichen Konstruktion verfolgt wurden und zum Teil heute noch werden. Denn das Bild des hilflosen, unterentwickelten, unterprivilegierten, unfähigen und manchmal auch faulen sowie als gefährlich eingestuften (da animalisch triebbehafteten) Negers prägt noch heute, in unser doch eigentlich aufgeklärten Zeit und Welt, die *Bilder in unseren Köpfen.* Vorgefasste Meinungen im Sinne von *Vorurteilen* ohne jegliche Auseinandersetzung mit den Sachverhalten spielen hier eine große Rolle. Vielfach kann sogar eine Ablehnung, sich mit dem „Fremden“ überhaupt in sachlicher Art und Weise auseinanderzusetzen, beobachtet werden. So entstehen schlechtesten Falls falsche Angst- und Feindbilder, die dann u.a. wieder für politische Zwecke missbraucht werden (beispielsweise durch rechtsradikale Parteien).

Im Hauptteil wird dann unter Gliederungspunkt 3. und 4. das Thema dieses Buches anhand einiger praktischer Beispiele (auto-)biographischer Literatur bekannter Autoren angegangen. Unter Punkt 5. folgt ein zusammenfassendes Fazit und dahinter unter 6. das Literaturverzeichnis.

Die in diesem Buch auftauchenden Begriffe, wie „Neger“, „Kaffer“, „Schwarzer“, „Mohr“, „Schwarzafrikaner“, „schwarze Afrikaner“, „Afrikaner“, „Äthiopier“ usw. werden jeweils im Kontext ihrer geschichtlichen Gebräuchlichkeit verwendet, in dem sie zeitlich entstanden und üblich waren. Dabei muss man sich der Schwierigkeit bewusst sein, dass es zur Bezeichnung der genannten Personengruppe keinen Begriff gibt, der nicht in irgendeiner Form eine Wertung vornimmt (auch, wenn dies nicht beabsichtigt wird) und der nicht geschichtlich vorbelastet ist. Es konnte jedoch auch keine Lösung ausgemacht werden, sich aus diesem Dilemma zu befreien. Auf dieses Problem haben auch schon andere Autoren hingewiesen. (Martin 1993: S. 14)

2. Allgemeine Ausführungen zum Thema

2.1. Ethnozentrismus

Um den Begriff Ethnozentrismus näher durchleuchten zu können, muss zunächst auf die Begriffe „Ethnie“ und (ethnische) „Konflikte“ eingegangen werden.

Verschiedene Ethnien sind Gruppen von Menschen, die sich durch bestimmte Merkmale, wie z.B.

- Sprache,
- Kultur (inkl. Werte, Normen, Verhaltensmuster, Einstellungen usw.),
- historische Erfahrungen,
- phänotypische Unterschiede,
- Religion,
- soziale und räumliche Segregation,
- Glaube an eine gemeinsame Abstammung und ein
- *Wir-Gefühl,*

gegeneinander abgrenzen (Flohr 1994: S 20, 62).

Laut Flohr ist „der Glaube an eine gemeinsame Abstammung“ das wichtigste Merkmal einer ethnischen Gruppe. Daraus ergeben sich ein Zusammengehörigkeitsgefühl und eine kollektive Identität, was zur Selbstschätzung der eigenen und Abgrenzung von anderen Gruppen führt. (Flohr 1994: S. 62)

Dabei ist der tatsächliche empirische Nachweis einer wahren genetischen Verwandtschaft nicht möglich und auch nicht erforderlich, da in erster Linie der **Glaube** an die gemeinsame Abstammung zählt (Flohr 1994: S. 63).

Die *„ethnische Identität"* ist das ethnische Bewusstsein, der Wille zur Einheit, der mit einer Abgrenzung zu anderen Ethnien verbunden ist. Die ethnische Identität drückt sich in einem starkem *„Wir-Gefühl"* aus. (Flohr 1994: S. 64)

Der Zusammenhalt der *„Wir-Gruppe"* ist gekennzeichnet durch Solidarität mit den eigenen Gruppenmitgliedern und Loyalität gegenüber der eigenen Gruppe. Daraus folgend ergibt sich eine Distanzierung und Ablehnung von Fremdgruppen. (Flohr 1994: S. 86, vgl. auch S. 177)

Der Begriff „Ethnie" leitet sich ursprünglich vom griechischen Wort für *Nation* „Ethnos" ab

(Flohr 1994: S. 60). In Europa sind ursprünglich unter Ethnien in erster Linie autochthone Siedlungsgruppen, unabhängig von ihrem Mehrheits- oder Minderheitsstatus, zu verstehen (Flohr 1994: S. 61). Auf den Unterschied zwischen Volk und Nation (Demos und Ethnos) soll hier aus Kapazitätsgründen nicht eingegangen werden (bei Interesse siehe Ausführungen von Flohr 1994: S. 68 f.).

Zusammenfassend können wir also eine Ethnie als eine Gruppe von Menschen verstehen, die wesentliche Elemente der Gestaltung des Lebens (wie bereits aufgezählt: Sprache, Verhaltensmuster, Mentalität, „Sicht der Welt" usw.) bewusst miteinander teilen. Hinzu kommen spezielle biologische Gemeinsamkeiten, wie z.B. Rasse oder gar Verwandtschaft (wobei wiederum hier der Glaube an eine gemeinsame Verwandtschaft ausreicht). Das bereits erwähnte territoriale Element spielt nur eine sekundäre Rolle, da auch lokal ungebundene Ethnien entstehen konnten (z.B. Nomaden). (Flohr 1994: S. 165)

„Ethnische Konflikte“ sind in Europa nichts Neues. Beispiele sind hierfür die Konflikte im Baskenland, Nordirland und auf Korsika. Aber auch längst vergessene Konflikte, wie z.B. Südosteuropa und in den Republiken der ehemaligen Sowjetunion, brechen in jüngster Zeit wieder auf (Stand 1997). Der „ethnische Konflikt“ löste quasi den Konflikt der Systeme (zwischen Ost und West) ab. (Flohr 1994: S. 11)

Das Wort *Konflikt* leitet sich von dem lateinischen Wort *confligere* ab, das so viel wie *zusammenstoßen* und *kämpfen* bedeutet (Flohr 1994: S. 13). Für die Entstehung von Konflikten seien laut Marx kapitalistische Wirtschaftsstrukturen verantwortlich, die unvermeidlich ökonomische Verteilungskämpfe nach sich zögen (Flohr 1994: S. 14). Auf der anderen Seite sind Konflikte zwischen

Menschen in einer Welt knapper Ressourcen nichts Ungewöhnliches (Flohr 1994: S. 18). Den Aspekt der ungerechten Verteilung in einer kapitalistischen Gesellschaft sollten wir jedoch als interessanten gesellschaftlichen Ansatz im Hinterkopf behalten, da hierzu später noch einige Ausführungen gemacht werden. Natürlich existieren mit Sicherheit noch eine Reihe weiterer gesellschaftlicher, psychischer und sonstiger Entstehungsfaktoren. Dieses hier vorliegende Buch beschäftigt sich jedoch nicht in erster Linie mit der Ursachen-/Entstehungsforschung (Genese) von Konflikten und Ethnozentrismus. Dies wäre ein möglicher Themenschwerpunkt für eine eigene Untersuchung, die aber in diesem bescheidenen Rahmen nicht getätigt werden kann. Vielmehr soll es hier in erster Linie um die Erforschung der <u>Auswirkungen</u> von Ethnozentrismus insbesondere auf die menschliche Wahrnehmung und auf das menschliche Verhalten gehen. Die in diesem Zusammenhang beschriebenen Konflikte treten meist nicht offen zu Tage (zumindest nicht im Sinne einer kriegerischen Auseinandersetzung, wie z.B. in Südosteuropa) bzw. sind den betroffenen Personen bei ihrem Handeln oftmals nicht bewusst. Bei diesen Konflikten handelt es sich um soziale, besser noch kulturelle Konflikte zwischen Ethnien oder, wie in dieser Studie vorgestellt, ganzer *„Kulturkreise"*.

Ethnische Konflikte kamen in Europa mit der organisatorischen Zusammenfassung der mittelalterlichen Gebietskörperschaften in Nationalstaaten, verbunden mit der Vereinheitlichung der dort ansässigen Bevölkerungsgruppen, auf. Dabei wurde ethnische Homogenität und somit Deckungsgleichheit ethnischer und staatlicher Grenzen als Legitimation des Staates angesehen. Dies beinhaltet einen starken Konformitätsdruck und die

Konstruktion einer Gemeinschaft durch die Suche nach gemeinsamen Wurzeln, früheren Volkshelden, einer gemeinsamen Geschichte, sowie gemeinsamen Normen und Werten. Hierbei handelte es sich jedoch um eine Fiktion. In der Realität waren diese Nationalstaaten bunte Gemische von Ethnien mit verschiedenen Sprachen/Dialekten, Sitten und Traditionen. (Flohr 1994: S. 20 ff.)

Die in Afrika von den Kolonialmächten vorgenommenen Grenzfestlegungen zwischen den unabhängig gewordenen Staaten bieten noch heute Anlass zu zahlreichen ethnischen Konflikten, da die Staatsgrenzen oft willkürlich unter Nichtbeachtung der Verläufe ethnischer Grenzen gezogen wurden (Flohr 1994: S. 26, 122, Geiß 1992: S. 34).

Die ehemalige Sowjetunion und die meisten Staaten Osteuropas weisen eine äußerst heterogene ethnische Zusammensetzung auf, was ein hohes Potential an Rivalitäten und

Konflikten bietet. Dieses Potential wurde unter der totalitären Herrschaft des Kommunismus lange Zeit unterdrückt. Nach Zerfall des Kommunismus kamen daher zahlreiche latente Konflikte wieder zum Ausbruch. (Flohr 1994: S. 28)

Sie finden ihren Höhepunkt in „ethnischen Säuberungen“, wie sie z.B. durch die Serben durchgeführt wurden (Flohr 1994: S. 29, 122, 203).

Aber auch in Westeuropa kommt es heutzutage zu fremdenfeindlichen Übergriffen auf ethnische Minderheiten, wie z.B. Arbeitsmigranten, Flüchtlinge oder Asylbewerber (Flohr 1994: S. 34). Auch Deutschland ist von diesem Trend nicht ausgenommen. Hier richtet sich die Ausländerfeindlichkeit gegen Gastarbeiter (z.B. Türken) und zunehmend auf afrikanische und asiatische Asylbewerber und andere ethnische Minderheiten (wie z.B.

Juden, Sinti und Roma). Kaum diskriminiert werden Ausländer, die äußerlich nicht vom Erscheinungsbild eines Deutschen abweichen, z.B. Schweden, Dänen, Franzosen oder Amerikaner. Flohr erwähnt hier in diesem Zusammenhang einen möglichen Einfluss rassistischer Komponenten der Fremdenablehnung. (Flohr 1994: S. 38 f.)

Dabei ist jedoch wichtig zu betonen, dass Rasse (und damit Rassismus) lediglich ein Faktor von vielen ist, der die Ablehnung von Fremden hervorrufen kann. (Flohr 1994: S. 181)

Nach meinem Eindruck sind es in erster Linie die Kulturunterschiede, also die anderen/fremden Normen und Werte, Sitten, Gebräuche, Lebensstile und Verhaltensmuster, die den Menschen in Deutschland Angst machen. Das fremde Äußere dient dabei nur als Erkennungsmerkmal, dass der betreffende

Gegenüber aus einer fremden (angstmachenden) Kultur kommt. Dabei wird ihm zugeschrieben, dass je fremder er aussieht, desto fremder seine Kultur ist. *„Schreckensbilder“* aus dem Fernsehen tun ihr Übriges, wie z.B. fanatisch wirkende islamische Fundamentalisten mit in den Himmel gestreckten drohenden Fäusten sowie abgefeuerte Salven aus Maschinengewehren sind angstmachende Szenarien, die uns fast täglich begegnen und somit prägend wirken. Ähnliche westliche Kulturen, mit uns ähnlichen Staatsbürgern wirken da weniger bedrohlich und wecken somit weniger Ängste und Abwehrhaltungen. Zusammenfassend kann hier also eine Angst vor dem fremden Unbekannten, dem Andersartigen ausgemacht werden, wobei keine Bereitwilligkeit, sich überhaupt mit dem Fremden auseinanderzusetzen, zu bestehen scheint.

Der Ethnozentrismus setzt sich aus dem *Wir-Gefühl*, also einem starken Gefühl der Zusammengehörigkeit, der eigenen Gruppe, verbunden mit einem gleichzeitigen Gefühl der Überlegenheit gegenüber anderen Gruppen, zusammen. Der eigenen Kultur werden fast ausschließlich positive Eigenschaften zugeschrieben, während die Kulturen anderer Ethnien eher negativ bewertet werden. Ethnozentrismus ist ein Bündel von sozialen Vorurteilen und ist zunächst dem kognitiven Bereich zuzuordnen. Dies beinhaltet einschätzende Bewertungen der eigenen und anderen Ethnien, wobei diese Bewertungen zumeist nicht realistisch, sondern eher verallgemeinernd, vereinfachend, klischeehaft, oft unbewusst und vor allem äußerst widerstandsfähig gegen anderslautende Informationen (vgl. hierzu auch Flohr 1994: S. 205) sind. Durch die Bildung von Schubladen (Bildung von

Stereotypen), in die man sich selbst und andere sowie Erlebnisse einordnen kann, wird die Komplexität der Wirklichkeit reduktioniert und für sich selbst leichter begreifbar gemacht. (Flohr 1994: S. 70 ff., 177)

Diese Realitätsbewältigung ist für das Individuum zur Vermeidung persönlicher Krisen (ausgelöst durch eine Nichtbewältigung und daraus sich ergebende Verhaltensunsicherheiten) sehr wichtig. Das Individuum weiß so jederzeit, wo es steht und wie es sich in der betreffenden Situation zu verhalten hat.

Das Mitglied einer Gruppe wächst im Rahmen seines Sozialisationsprozesses in seine Kultur hinein, saugt diese geradezu auf und wird so mit ihr eng verbunden. Dieses stetige Erleben des Selbstverständlichen wird in dem Moment erschüttert, wenn der Betreffende auf eine fremde Kultur trifft. Dies wird oftmals als unangenehme Erfahrung wahrgenommen.

Anstatt offen auf die fremde Kultur zuzugehen, diese kennenzulernen und einen „objektiven“ Vergleich der Kulturen vorzunehmen, wird das Fremde pauschal abgelehnt, wobei dies nicht rein kognitiv, sondern vor allem emotional geschieht. Die Ablehnung richtet sich gegen die fremden und in der Regel auch unbekannten Verhaltensmuster und die fremden Gegenüber. Und dahinter steht nichts anderes als die Entstehung ethnischen Bewusstseins, nämlich die Herausbildung und Akzeptanz gruppeneigener Normen, Werte und Verhaltensmuster. (Flohr 1994: S. 164)

Als in Gemeinschaften lebende Menschen sind wir auf der anderen Seite auf die Akzeptanz durch unsere Gruppe angewiesen. Diesem kann sich niemand entziehen. Zu früheren Zeiten der Menschheitsgeschichte war das Wohlwollen der Gruppe sogar überlebenswichtig. Als Voraussetzung für die

Akzeptanz durch die Gruppe werden die Erfüllung der Gruppenerwartungen, vor allem die Praktizierung der verlangten Verhaltensweisen, erwartet, wobei die Konformität am besten erreicht wird, je besser die Erwartungen und die Selbstverständlichkeit der Erfüllung dieser internalisiert wurden (kein Verstellen, kein Vortäuschen). (Flohr 1994: S. 199)

Fremde Ethnien werden diskriminiert und abgewertet, während die eigene Gemeinschaft an der Spitze der Werteskala eingeordnet wird. In dieser *„psycho-logischen"* Realität wird das Prinzip der doppelten Übertreibung angewendet. Während sich die einen selbst besser bewerten, als sie es in Wirklichkeit sind, werden die anderen von diesen umso schlechter bewertet; schlechter, als sie es eigentlich verdienen. Dies stellt eine erhebliche Verzerrung der Wirklichkeit dar und beinhaltet die schon angedeuteten Bestrebungen nach eindeutiger (vereinfachter)

Differenzierung und Abgrenzung, begründet durch ein Bedürfnis nach psychischer Sicherheit (schon erwähnt: eigener Standpunkt und Verhaltenssicherheit gegenüber anderen) und einem tief verwurzelten Argwohn bis zur Angst gegenüber Fremden. Letzteres war in den früheren Zeiten menschlicher Geschichte mit Sicherheit zum Selbstschutz unbedingt erforderlich und mag heute noch in unseren Genen gespeichert sein (vgl. zur biologischen Verankerung von Ethnozentrismus auch Flohr 1994: S. 205), obwohl es in dieser Form nicht mehr zeitgemäß erscheinen mag. Die Evolution hängt hier offensichtlich der schnellen Entwicklung einer nun veränderten Realität hinterher. (Flohr 1994: S. 176)

Dass die Angst vor dem Fremden biologisch verankert zu sein scheint und sich nicht ausschließlich aus dem Sozialisationsprozess ergibt, kann aus dem bei Kindern zu beobachtenden Vorgang des „Fremdelns“ als

Teil des genetisch programmierten Reifeprozesses abgeleitet werden. Als „Fremdeln“ versteht man das fremdenablehnende und zumeist mit Angst verbundene Verhalten von Kleinkindern, das seinen Höhepunkt etwa im Alter zwischen sechs und acht Monaten hat und unabhängig von früheren Erfahrungen des Kindes ist. So konnte ein derartiges Verhalten sogar bei blind und taub geborenen Kindern beobachtet werden. Die Fremdenangst wird erst im Laufe einiger Monate mit zunehmendem Kontakt mit anderen Menschen und einer Erkundung der Umwelt abgebaut. (Flohr 1994: S. 205 f. und 236)

Eine Vertrauensbasis ergibt sich in der Regel aus verwandtschaftlichen Beziehungen. Daher werden Fremde ängstlichen Kleinkindern gegenüber gern als „Onkel“ oder „Tante“ präsentiert, um diese Vertrauensbasis herzustellen. (Flohr 1994: S. 196)

Das *„Wir-Gefühl“* der Gruppe erfüllt besonders in Zeiten der Krise (wirtschaftliche Notzeiten, nach schweren Naturkatastrophen, bei Kriegsgefahr oder gar Krieg; aktuelles Beispiel 1997: Überflutungen an der Oder in Ostdeutschland und die neu gelebte Solidarität) eine wichtige Aufgabe für den Einzelnen (Flohr 1994: S. 194)

Er wird in einer schwierigen Situation nicht allein gelassen und erfährt u.a. psychischen Rückhalt und Unterstützung. Insbesondere eine mangelnde Versorgung der Bevölkerung, der Kampf um knappe Ressourcen, eine hohe Arbeitslosigkeit usw. fördern die Ausprägung des *Wir-Gefühls* und des Ethnozentrismus verbunden mit der Diskriminierung von Minderheiten. Letztere werden dabei oftmals in eine Sündenbockrolle gedrängt; mit fatalen Folgen, wie z.B. ausländerfeindliche Anschläge, Verfolgungen usw.. Platte Sprüche, wie z.B. „Die nehmen uns die Arbeitsplätze weg!“, sind typische Beispiele für die Sündenbocktheorie. Dahinter stehen jedoch nur die Angst und die pure Verzweiflung, die sich ein Ventil suchen. (Flohr 1994: S. 245)

Die Aufwertung der Wir-Gruppe im Rahmen des „Schwarz-Weiß-Denkens" (wir sind die Guten, die anderen die Bösen) ist aus evolutionstheoretischer Sicht durchaus nachvollziehbar und geradezu zwingend. Im Verteilungskampf um knappe Ressourcen jeglicher Art (wir erinnern uns an Marx; siehe Seite 17 dieses Buches) ist es erforderlich, die „Fremden" auf allen Ebenen (kognitiv, emotional, interaktiv) auf Distanz zu halten, um die eigene Ethnie und deren Gene im Fortbestand zu sichern. (Flohr 1994: S. 226)

Das besagte „Schwarz-Weiß-Denken" (anders formuliert: Denken in Antipolen) ist ein Teil des bereits beschriebenen Phänomens des menschlichen Strebens nach Reduktion von Komplexität zwecks Erleichterung der psychischen Bewältigung. Dabei wird in allen Lebensbereichen danach gestrebt, eine Aufteilung gut/böse, hell/dunkel, groß/klein usw. vorzunehmen. Hierbei kommt es jedoch zu Verzerrungen bei der Darstellung der Wirklichkeit. Die Bewertung der Eigengruppe erfolgt selbstverständlich bevorzugt positiv, während die Fremdgruppen negative Zuschreibungen erfahren. Fremde Ethnien werden gern mit Wörtern, wie barbarisch, wild, rückständig (auch unterentwickelt?!; Anmerkung: dieser Begriff wird in der Bundesrepublik u.a. von Politikern im Zusammenhang mit Afrika nicht selten gebraucht) unberechenbar und heimtückisch beschrieben. (Flohr 1994: S. 220 f.)

Vorurteile, inklusive sozialer Vorurteile, die wiederum ethnozentristische Einstellungen beinhalten, können nicht vollständig abgelehnt werden und sind sogar bis zu einem bestimmten Grad nützlich. Sie waren dies bereits über einen längeren Zeitraum in der früheren Stammesgeschichte des Menschen und sind es teilweise noch heute, da nur aufgrund dieser ein schnelles Agieren (ohne langes Erfassen und Auswerten von Informationen) möglich ist, das z.B. bei der Flucht und der Jagd erforderlich ist. Dabei muss in Kauf genommen werden, dass Schnelligkeit und Präzision nicht zugleich maximiert werden können. (Flohr 1994: S. 236 f.)

Nach Kant ist der Mensch ein vernunftbegabtes Wesen. Zwischen Begabung und deren Anwendung in der Realität scheinen dann manchmal aber doch Welten zu liegen. Unbestritten ist, dass durch Ethnozentrismus oft krasse Zerrbilder entstehen. Das liegt auch mit daran, dass die menschliche Informationsverarbeitung kein durchweg rationaler Prozess ist. Außerdem muss (bedauerlicherweise) davon ausgegangen werden, dass Menschen nicht jederzeit für neue Informationen aufnahmebereit sind, diese eingehend kritisch untersuchen und ihre bisherigen Einstellungen hieran überprüfen und ggf. Meinungsänderungen vornehmen. (Flohr 1994: S. 210)

Die Frage ist aber auch, ob zu jeder Zeit genug und vielfältige Informationen vorliegen, um überhaupt kritisch reflektieren und ein differenziertes, zutreffendes Bild entwickeln zu können. Liegen keine oder nur wenige Informationen vor, bilden sich oftmals Vorurteile. Zusätzlich sind Manipulationen möglich, z.B. durch Medien, die evtl. falsche Informationen liefern.

Dem Ethnozentrismus können Gefühle, wie z.B. Neugierde (Interesse, das „Fremde" kennenzulernen) oder die Abwägung der Vor- und Nachteile eines ethnozentristischen Verhaltens (z.B. die andere Gruppe ist stärker als wir und könnte sich bei fremdenfeindlichen Verhalten unsererseits zur Wehr setzen) entgegenwirken. (Flohr 1994: S. 191)

Eurozentrismus

Der Ethnozentrismus, genauer gesagt der Eurozentrismus, der europäischen Kolonialherren ging bereits am Anfang der Kolonialzeit in Afrika davon aus, dass die Afrikaner als kulturell tiefstehender und somit sittlich minderwertig anzusehen sind. So konnte auch deren Beherrschung durch Entsandte der „Herrenrasse“ und die gesamte Kolonialpolitik letztendlich moralisch und historisch begründet werden. Diese Auffassung fand damals eine ideologische Unterstützung im Sozialdarwinismus. Man versuchte in pseudowissenschaftlicher Art und Weise einen biologischen Nachweis zu führen, dass die schwarzafrikanischen gegenüber den weißen (d.h. europäischen) Völkern in jeglicher Hinsicht unterlegen seien und damit die niedrigste aller

Menschenrassen repräsentieren würden. Dabei wurde davon ausgegangen, dass die Schwarzafrikaner aufgrund ihrer spezifischen Erbanlagen zu höherer geistiger Tätigkeit unfähig seien. (Stoecker 1991: S. 180 f., Martin 1993: S. 328)

Die Kirche vertrat immer die Ansicht, dass alle Menschen, gleich welcher Rasse, von dem einen Adam abstammen und somit mit den gleichen geistig-seelischen Eigenschaften ausgestattet seien. Schwarze und Weiße waren also beide Kinder Gottes und daher vor ihm gleich. Jeglicher Versuch, an dieser Position der christlichen Theologie zu rütteln, wurde von den kirchlichen Glaubenshütern vehement abgelehnt. Nicht die Farbe der Haut oder andere Äußerlichkeiten spielten bei der Kirche eine Rolle bei der Einordnung der Menschen, sondern vielmehr die innere Nähe bzw. Ferne zu Gott. Mit der sich seit dem 17. Jahrhundert herausbildenden bürgerlichen Gesellschaft und dem damit verbundenen

Zerfall der christlichen Autoritäten setzten sich Klassifikationssysteme durch, die die verschiedenen Gruppen von Menschen nunmehr nach physischen Gesichtspunkten und nicht mehr nach christlicher Tradition einzuordnen versuchten. Der Boden zur bewertenden *„Rassengliederung"* war bereit. (Martin 1993: S. 195 ff.)

Dabei wurde der Europäer als abstrakter Typus, der dem Ideal der bürgerlichen Intelligenzschicht entsprach, a priori an die Spitze dieser Hierarchie gesetzt (so z.B. von dem Historiker Theophil Friedrich Ehrmann, 1763 – 1811; oder Christoph Meiners in seinem Buch „Grundriss der Geschichte der Menschheit", 1. Auflage: Lemgo 1785; David Hume in seiner Neuausgabe des Essays *Of National Characters* im Jahre 1753). Der aufgeklärte Europäer, der mit seinen Leistungen in Kunst und Wissenschaft die Krönung der Schöpfung darstellte, stand dem *affenähnlichen Neger* gegenüber, der das genaue Gegenteil der europäischen Bürgertugenden verkörperte. Dieses Weltbild mag aus der Sichtweise vom Standpunkt des (europäischen) „Zentrums der Welt“ aus entstanden sein, wonach die am Rande lebenden Menschen fast noch an die antiken *Erdmonster* der Ktesias und Solinus erinnert haben mögen. (Martin 1993: S. 220 f., 240 ff., 298 f.)

Der Europäer, seine Hautfarbe, Form des Schädels (mit der optimalen Gehirnmasse; Martin 1993: S. 269 f.) und sonstigen körperliche Formen, wurden in der damaligen Zeit als Sinnbild wahrer ästhetischer Schönheit angesehen. Die Schwarzafrikaner stellten dabei das Gegenstück, nämlich die Verkörperung des Hässlichen, dar. (Martin 1993: S. 242)

Um also als schön und ästhetisch eingestuft zu werden, muss der schwarze Afrikaner im Sinne dieses Verständnisses sein Aussehen dem des Europäers angleichen. Hieraus sind verschiedene im Handel erhältliche chemische Mittel zum Bleichen der Haut und zum Glätten der Kraushaare entstanden. Die Folgen dieser gewachsenen Einstellungen wirken offensichtlich noch heute nach. Das bekannteste Beispiel stellt der „King of Pop" Michael Jackson dar, der zahlreiche sogenannte *Schönheits*operationen über sich ergehen ließ, um dem Aussehen eines Afro-Amerikaners zu entfliehen. Er ließ seine Haare glätten, seine Haut bleichen und seine Gesichtszüge derartig verändern (insbesondere die Form der Nase und Wangenknochen), um dem Ideal, nämlich dem Aussehen eines weißen Mannes, näherzukommen. Diese Perversion an der Natur wurde so weit getrieben, dass Michael Jackson, wenn man ihn neben seine Familie stellen würde, nicht als Mitglied dieser erkennbar wäre. (Martin 1993: S. 247)

Diesem nicht genug, wurde dem jeweiligen Aussehen auch ein entsprechendes Verhalten zugeschrieben. Der hässliche Schwarze wurde nun zusätzlich zum Sinnbild des Bösen abgestempelt, denn ein hässliches Äußeres war laut Meinung vieler Gelehrter untrennbar mit einem unmoralischen Verhalten verbunden. So formulierte beispielsweise Johann Caspar Lavater im Sinne dieses Zeitgeistes (1741 – 1801): „Je moralisch besser; desto schöner. Je moralisch schlimmer; desto hässlicher." (zitiert nach Martin 1993: S. 260). (Martin 1993: S. 259 f.)

Und diese Stereotypen werden noch heute in der Werbung und in Kinofilmen verwendet, in denen der Held immer schön sein muss. Dies suggeriert, dass Schönheit untrennbar mit Erfolg verbunden ist.

2.2. Das Bild des Schwarzafrikaners und seine Entstehungsgeschichte

Das Bild des Schwarzafrikaners, so wie es die Weißen (und vor allen Dingen die Europäer) wahrgenommen haben, machte in seiner Geschichte eine nicht unerhebliche Wandlung durch. Denn seit Rousseau seine Idee vom „Edlen im Wilden" formulierte, der noch nicht durch die Zivilisation verdorben sei, trat eine nicht unerhebliche Einstellungsänderung ein (Jandl 1992: S. 490). In diesem Kapitel sollen diese Wandlung und die Gründe, warum es dazu kam, näher betrachtet werden.

Noch zu Beginn des 13. Jahrhunderts lässt Wolfram von Eschenbach die edle *Mohrenkönigin* Belakane (eine von ihm geschaffene Gestalt in seinem Werk *„Parzival"*, ca. 1200 – 1210) von einem ebenso edlen und kühnen Ritter sprechen, der alle Tugenden eines idealen christlichen Edelmannes zeigte und dennoch ebenso schwarz war, wie sie selbst (Martin 1993: S. 9, 26). Nur 600 Jahre später, zu Beginn des 19. Jahrhunderts, scheinen ganz andere Bilder von Schwarzen in den Köpfen der Menschen in Europa vorzuherrschen. So beschreibt Georg Wilhelm Friedrich Hegel in seinen Vorlesungen über die Philosophie der Geschichte, dass dem Charakter des Negers in seiner Wildheit und Unbändigkeit das Menschliche und Sittliche fehle. (Martin 1993: S. 9)

Ungefähr seit der Wende vom 10. zum 11. Jahrhundert und insbesondere in der Zeit der Kreuzzüge tauchen schwarze Afrikaner in nennenswerter Zahl im deutschsprachigen Raum Mitteleuropas auf (Martin 1993: S. 12, 16). Das Zusammentreffen der verschiedenen Menschen und Kulturen vollzog sich im Kontext kriegerischer Auseinandersetzungen zwischen dem Christentum und dem Islam, auf dessen Seite (des Islams) Schwarze kämpften. Dem schwarzen Krieger wurde

Respekt, Ehrfurcht und manchmal auch Neid entgegengebracht. Später wandelte sich der orientalisch kultivierte *„Äthiopier"*, so wie er noch 1099 von den Kreuzfahrern anlässlich des 1. Kreuzzuges in der Schlacht von Askalon angetroffen wurde, vom überlegenen militärischen Gegner zum begehrten höfischen Diener (so z.B. auch am Hofe von Friedrich II.; Martin 1993: S. 18, 26 f.), durch den man seinem privilegierten Genuss Ausdruck verleihen wollte. Dieses eher positive Bild blieb nur solange bestehen, wie in erster Linie diese schwarzen Krieger und späteren Diener **von Afrika nach Europa** kamen. Als jedoch im Rahmen der merkantilistischen Eroberung und Kolonisation die Europäer immer weiter in die Welt und somit auch **nach Afrika** vordrangen, kam es zu einem Einstellungswandel, der dann das Fremdheitsbild vom *„primitiven Neger"* und dessen Kultur an die letzte Stelle einer künstlich geschaffenen Kulturhierarchie, an die Grenze zum Tier, stellte. Dieser Prozess ging verstärkt mit der Entstehung der bürgerlichen Gesellschaft seit dem Ende des 17. Jahrhunderts einher, die in ihrer bürgerlichen Auffassung von der geordneten Welt den Neger entsprechend einordnete (Martin 1993: S. 195). Dies mag auch damit zusammenhängen, dass sich das Bürgertum bei der Entwicklung einer eigenen Kultur und den Bestrebungen, sich vom Adel abzugrenzen, die Schwarzen als Symbol des verhassten aristokratischen Lebenswandels ansah (Martin 1993: S. 68). Das so neu geschaffene Bild des Schwarzafrikaners ordnete diesen als dämonisch, trieb- und lasterhaft, kultur-, vernunft- und geschichtslos ein. Ihm wurden animalische Körperlichkeit und kindisches Verhalten zugeschrieben. Das damals entstandene Bild hat in den Köpfen vieler Deutscher noch heute eine Bedeutung. In der Zeit der

Kolonisation wurde es zur Legitimierung von Unterdrückung und Ausbeutung verwendet, worauf in den nachfolgenden Ausführungen noch näher eingegangen wird. (Martin 1993: S. 12 f., 16 ff., 82 ff., 328)

Mit Verwunderung mussten die in Afrika eintreffenden Europäer feststellen, dass der Arbeitsbegriff und die Arbeitsgesellschaft als solche, so wie sie in Europa seit spätestens 1875 endgültig etabliert waren (Gronemeyer 1991: S. 37), unter der afrikanischen Bevölkerung unbekannt waren. (Gronemeyer 1991: S. 51 ff., Lamparter 1991: S. 100)

Dabei war die Implantation der (industriellen) Arbeitsgesellschaft in Europa mit ihrem Beginn im 18. Jahrhundert auch nicht so reibungslos abgelaufen. Die frühen Fabrikanten der sich ausbreitenden Manufakturen beklagten sich in der Anfangszeit über mangelnde Disziplin und Arbeitsbereitschaft der Bevölkerung. Als

Gegenmittel wurden Disziplinierungsinstrumente, wie werkseigene Wecktrupps, die die Arbeiter zu Schichtbeginn zur Arbeitsstelle holten, strenge Aufseher, körperliche Züchtigung, Erhebung von Steuern und das Arbeitshaus eingesetzt (Gronemeyer 1991: S. 29 f.). Letzteres wurde erst dann obsolet, als ganz Europa ein Arbeitshaus war. Als Arbeit zum Zentrum des Lebens, zur Sinnstiftung, geworden war, entfiel der gewaltsame Zwang zur Ordnung, Pünktlichkeit und Gehorsam. (Gronemeyer 1991: S. 9)

Was für eine Wandlung von der Ächtung der Arbeit und der Wertschätzung der Muße in der Antike, in der für einen Aristoteles (384 – 322 v. Chr.) Tugend und Arbeit unvereinbar waren und die Arbeit nur eine Tätigkeit der Sklaven darstellte, zur Verachtung des Müßigganges und Huldigung der Arbeit war dort vonstattengegangen? (Gronemeyer 1991: S. 29 f., vgl. auch S. 35)

Mit der Reformation wird die Arbeit zum Gebot Gottes für alle, mit der Folge, dass somit jeglicher Müßiggang als Sünde angesehen werden musste. Der Arbeitende wird somit zum Vollstrecker des göttlichen Willens. Die einsetzende systematische Verfolgung der Bettler im 16. Jahrhundert und die Errichtung von Arbeitshäusern sind erste Maßnahmen unter diesem Banner. (Gronemeyer 1991: S. 12, 32)

Die allmähliche Wandlung zur abstrakten Arbeit verbunden mit den neuen Zwängen und Normen zur Anpassung des menschlichen Körpers an die Bedürfnisse der Maschinen im Rahmen der fortschreitenden Maschinisierung erforderte eine Neuordnung der entsprechenden Sozialisationsprozesse. Die nach außen erforderliche Arbeitsdisziplin, sollte sie richtig und auf Dauer funktionieren, musste auch von innen bejaht werden. Die Verinnerlichung des Arbeitsethos hat die

Tretmühle zum Teil der Seele werden lassen. (Gronemeyer 1991: S. 33 f.)

Für den Philosophen Immanuel Kant (1724 – 1804) bedeutet im Gegensatz zu Aristoteles Arbeit Leben. Erst durch sinnvolle Beschäftigung kann das Leben richtig bewusst wahrgenommen werden. Muße dagegen wird von ihm als verfehltes Leben (geradezu als *Anti-Leben*) empfunden. Der große Philosoph und Ökonom Adam Smith (1723 – 1790) machte die Arbeit sogar zum Hauptbegriff seiner ökonomischen Theorie, indem er diese als den wahren Maßstab des Tauschwertes aller Güter und als Quelle allen Reichtums ansah (Donath 1991: S. 184). Letztendlich wird ein weiterer, wie ich finde entscheidender, Schritt vollzogen, indem nun die Arbeit an die Stelle Gottes tritt, was über den ursprünglichen Ansatz Luthers hinausgeht, bei dem die Arbeit noch nicht um ihrer selbst wichtig war. (Gronemeyer 1991: S. 34, vgl. auch S. 32)

Die europäischen Siedler in Afrika hatten einen hohen Bedarf an Arbeitskräften, um den Aufbau von Siedlungen und eigener wirtschaftlicher Existenzen vornehmen zu können. Sie mussten dabei zwangsläufig auf Arbeitskräfte aus der einheimischen Bevölkerung zurückgreifen, womit die Schwierigkeiten begannen. Denn wie sollten Menschen, denen wie bereits erwähnt der Arbeitsbegriff nicht bekannt war und die gar keinen Anreiz zur Arbeit verspürten, zu dieser bewegt werden. Die Afrikaner lebten in einer Subsistenzwirtschaft, in der sie sich durch Landwirtschaft und Viehzucht selber versorgten (Gronemeyer 1991: S. 51, Lamparter 1991: S. 101). Überschüsse wurden in Tauschaktionen verwertet. So etwas wie Geld und die daraus folgende (doppelt freie) Lohnarbeit waren unbekannt. In diesem Zusammenhang muss betont werden, dass das europäische Verständnis von *Arbeit* Tätigkeiten, die man für sich oder seine Familie ausübt, nicht unter dem Begriff *Arbeit* versteht, der ausschließlich für die Arbeit gegen Lohn vorbehalten ist (Gronemeyer 1991: S. 39). Die europäischen Einwanderer (nachfolgend als Kolonialherren bezeichnet) mussten also zunächst ein Klima bzw. eine Umwelt schaffen, in dem/der die Aufnahme von Lohnarbeit für jeden afrikanischen Einheimischen erstrebenswert bzw. zum unerlässlichen *„Muss“* werden würde. Damit hatte man es sich zum großen Ziel gesetzt, in Afrika die Arbeitsgesellschaft nach europäischem Vorbild einzuführen (Gronemeyer 1991: S. 8). Als erstes musste die Unabhängigkeit im Sinne einer selbstgenügsamen Ernährung durch die Zerstörung der Subsistenzwirtschaft, verbunden mit Land- und Viehraub, erfolgen, um einen Anreiz zur Aufnahme von Lohnarbeit zu schaffen (Gronemeyer 1991: S. 41 f., 56, Lamparter 1991: S. 101, Seitz 1991: S. 149 f., Stoecker 1992: S. 77). Durch

Einführung von „Steuern“ wurde zudem künstlich die Notwendigkeit erschaffen, in den Besitz von bisher unbekanntem Geld zu kommen (in erster Linie durch Lohnarbeit), um der Zahlung von Steuern nachkommen zu können (Gronemeyer 1991: S. 42, 74 f., Fiedler-Conradi 1991: S. 114 ff., 125, Seitz 1991: S. 149). Durch die Besteuerung sollten die „Eingeborenen“ von ihrer untätigen Lebensweise abgehalten werden (Fiedler-Conradi 1991: S. 117).

Zum Problem wurden Steuereintreibungen immer dann, wenn die Kolonialverwaltung ihre steuerlichen „Ausplünderungen“ übertrieb und es dadurch zu einer erheblichen Verschlechterung der Lebensverhältnisse der ländlichen Bevölkerung kam, die kaum noch in der Lage war, ihren Verpflichtungen an Geld- oder Arbeitsleistungen nachzukommen. So mancher verlor dabei seine Gesundheit oder den Rest seines bescheidenen Vermögens.

War kein Viehbestand oder sonstiges Vermögen zur Steuerbegleichung vorhanden, mussten die Betroffenen fern von der Familie Zwangsarbeit verrichten und sich dabei Züchtigungen mit der Nilpferdpeitsche unterwerfen. (Stoecker 1991: S. 99 f.)

Wer sich der Zwangsarbeit durch Flucht zu entziehen versuchte, wurde mit einer Treibjagd verfolgt. Dabei kam es zum willkürlichen „Abschießen“ von Afrikanern, was den weißen Kolonialherren eine geradezu sportliche Freude zu bereiten schien. Kein *Kaffer* sollte sich in seinem Versteck mehr sicher fühlen. Aber auch den bei Farmern oder sonstigen Unternehmern beschäftigten Afrikanern ging es nicht besser. Die Kolonialherren nahmen sich nämlich ein „väterliches Züchtigungsrecht“ heraus, das ihnen jederzeit erlaubte, ihre Arbeitnehmer u.a. durch Prügel zu bestrafen, wobei es auch zu Todesfällen gekommen ist. Die offizielle Kolonialjustiz in den „Schutzgebieten“ von

Deutsch-Ostafrika, Kamerun und Togo sah ebenfalls diverse Strafmöglichkeiten für aufmüpfige Eingeborene vor, zu denen u.a. die Prügelstrafe, Geldstrafen, Gefängnis mit Zwangsarbeit, Kettenhaft und die Todesstrafe gehörten. (Drechsler 1991: S. 123 f., Stoecker 1991: S. 185)

Das Vorleben eines konsumorientierten Alltags durch die weißen Siedler mit den modernen Werten Reichtum und Besitz weckte auf Dauer neue, bisher nicht gekannte Begehrlichkeiten bei den Einheimischen, was ebenso dem großen Ziel, der Einführung der Arbeitsgesellschaft, dienlich war (vgl. Gronemeyer 1991: S. 41, Seitz 1991: S. 149).

Außerdem hatte man dabei das Innere Zentralafrikas mit seiner dichten und potentiell konsumfähigen Bevölkerung als Absatzmarkt für europäische Industrieerzeugnisse im Auge. Insbesondere die exportbedürftige deutsche Industrie erhoffte sich hiervon positive Impulse. (Stoecker 1991: S. 30)

Letztendlich ergab sich durch die aus Europa eingeführten Güter, unterstützt durch Maßnahmen der Kolonialverwaltung, eine nachteilige Konkurrenz für die einheimische gewerbliche Produktion, die somit zurückgedrängt wurde. (Stoecker 1991: S. 67)

Ein weiteres Problem, so beschwerte sich Cecil Rhodes, sei, dass die afrikanischen Lohnarbeiter zu arbeiten aufhörten, wenn sie nach ihren Maßstäben genug verdient hätten (Gronemeyer 1991: S. 42, vgl. auch Fiedler-Conradi 1991: S. 118). Diese als störend empfundene Bedürfnislosigkeit war ebenso bereits während der Anfänge der Industrialisierung in Europa festgestellt worden (Gronemeyer 1991: S. 77). Von den Afrikanern wurde die Arbeit noch als zweckdienliches *Mittel zum Lebenserhalt* und nicht als *Lebensaufgabe* angesehen. Diesem

Umstand versuchten die Kolonialherren mit den verschiedensten Maßnahmen zu begegnen, denn die Unzuverlässigkeit und mangelnde Beständigkeit des *Negers* wurden bereits von den ersten eintreffenden Missionaren, Forschungsreisenden, Jägern und Goldsuchern bemängelt (Gronemeyer 1991: S. 65).

Die Einführung von Steuern (hier: Kopf- und Hüttensteuern) war die Grundlage zur Errichtung des Fiskalstaates, der als Voraussetzung für moderne Entwicklung angesehen wird. Und so wird die gewaltsame Aufoktroyierung der Steuern durch die Kolonialherren noch von heutigen (wissenschaftlichen) Autoren begrüßt (so auch von Geiss 1992: S. 32). Geiss rundet sein positives Bild der Kolonialherrschaft durch die angebliche Befriedung der sich gegenseitig bekämpfenden kriegerischen Völker Afrikas ab, die nur so Anschluss an die moderne Weltzivilisation finden konnten

(1992: S. 32 f.). Auch hier lässt sich wieder eine ethnozentristische Sichtweise ausmachen. Die eigene Zivilisation, die sogar zur modernen „Weltzivilisation“ ernannt wird, wird als höchste Stufe der Entwicklung angesetzt, die alle anderen gefälligst auch zu erreichen haben. Dabei muss man sich jedoch verschiedene Fragen stellen. Warum wird die ursprünglich afrikanische Zivilisation als eine untere Stufe der Entwicklung angesehen (und somit als unterentwickelt deklariert), die man auf den westlichen Standard der sogenannten Hochzivilisation angleichen will? Und das, obwohl Geiss selber zugibt, dass unser Planet eine weltweite Angleichung des Lebensstandards an westliche Werte bei der rasanten Bevölkerungsexplosion ökologisch nicht überleben würde (Geiss 1992: S. 27). Warum wird anderen Kulturen nicht zugestanden, einen eigenen Weg zu gehen? Mit welchem Recht nimmt man es sich heraus, fremde

Kulturen als minderwertig abzustempeln und diese bevormunden zu wollen? Fragen über Fragen, auf die Herr Geiss leider keine Antwort liefert und so bleibt dem Leser der Hintergrund seiner manchmal ignorant und wenig reflektiert wirkenden Ausführungen verborgen.

Um welchen Preis wurde hier ein Anschluss an die Weltwirtschaft vollzogen? Denn im Endeffekt führte die Kolonialherrschaft in Afrika in erster Linie zur wirtschaftlichen und sozialen Verelendung und war ebenso kulturell destruktiv. (Stoecker 1991: S. 285)

Die Schwarzafrikaner wurden während der Kolonialzeit als sich noch im Vorstadium zur Zivilisation befindliche, ja geradezu als in dunkelster Barbarei lebende Menschen angesehen, die nach Friedrich List erst die Arbeit erlernen müssten (Missionierung der Wilden durch Arbeit), bevor sie deren Segnungen teilhaftig werden könnten

(Gronemeyer 1991: S. 35, vgl. auch Stoecker 1992: S. 78 und van der Heyden 1992: S. 534). Im Bereich des Dienstbotenwesens waren für die *Erziehung* und *Zivilisierung* der schwarzen *boys* in erster Linie die Siedlerfrauen zuständig, deren Aufgabe es war, im Dienste des Empires aus den faulen und wilden Negern zumindest annähernd gefolgsame, weißgekleidete Diener zu machen (Seitz 1991: S. 153, 178). Hinter diesen ganzen Erziehungsbestrebungen steht wieder die altbekannte eurozentristische Sichtweise, die ausschließlich die Normen und Werte der westlichen Kultur für erstrebenswert hält. Andere Lebensweisen (so z.B. auch der Müßiggang) werden als verwerflich und änderungsbedürftig angesehen, wobei die Faulheit der Schwarzen geradezu als angeborene schlechte Eigenschaft angesehen wird (Seitz 1991: S. 166). Die „Errungenschaften“ der westlichen Kultur sollten bereits in den Schulen an die afrikanischen Kinder zwecks Verinnerlichung vermittelt werden, die so an frühes Aufstehen, Pünktlichkeit, Arbeit und Anstrengung gewöhnt werden sollten, womit die Erziehungspolitik eindeutig im Dienste der kolonialen Herrschaft und Ausbeutung stand (Gronemeyer 1991: S 47, Adick 1992: S. 464, Stoecker 1991: S. 193). Die Deutschen wollten den afrikanischen Schulkindern in Deutsch-Ostafrika deutsche „Gesinnung und Anschauung" mittels der Schule beibringen, wobei sich dieses Deutschtum inhaltlich auf Begrifflichkeiten, wie Zucht, Ordnung und Reinlichkeit oder Gehorsam, Sorgfalt, Ehrlichkeit und Pflichttreue beschränkte (Ansprenger 1995: S. 84 f.). Die Missionsgesellschaften betrieben im Rahmen ihrer Erziehungsmaßnahmen eine Bekehrung der „Heiden" im christlich-vaterländischen Sinne (Stoecker 1991: 193). Dass das typische europäische (meist britische, aber auch deutsche) Schulsystem jedoch nicht so einfach auf eine fremde, andersartige Kultur übertragbar war und ist und dieser Vorgang auch aufgrund der ebenfalls andersartigen Umweltbedingungen vor Ort nicht unbedingt sinnvoll zu sein scheint, wurde damals nicht beachtet (wie so vieles nicht).

Natürlich wurde offiziell die Einführung der Arbeitsgesellschaft in Afrika unter der Fahne hochgesteckter und kaum angreifbarer Ziele angestrebt. Der koloniale Kampf gegen die schwarze Faulheit sollte unter dem Gedanken erfolgen, dass Arbeit frei mache, dass nur durch sie ein Fortschritt erfolgen könne und nur sie dem menschlichen Leben eine Sinnstiftung gäbe. (Gronemeyer 1991: S. 29)

Dass in Wahrheit knallhartes Profitstreben mit eben solchen Maßnahmen zur Verwirklichung dahintersteckten, wurde zuvor bereits erläutert.

Auch der Begründer der Gesellschaft für deutsche Kolonisation Dr. Carl Peters (1856 –

1918) hatte bereits recht früh erkannt, und gab dies ebenso offen zu, dass die Errichtung von Kolonien in Afrika große Möglichkeiten bot, die dortigen Völker auszubeuten und so zu Reichtum zu kommen. Diese Gedanken setzte er im Jahre 1884 um, indem er sich durch falsche Versprechungen, Bestechungen und Alkoholmissbrauch umfangreiche Landstriche auf dem Festland westlich von Sansibar erschlich.

Diese Gebiete wurden unter deutsche „Schutzherrschaft“ gestellt, wie man diese Annexion und Besetzung elegant umschrieb. Denn diese positiv klingende Umschreibung (nämlich Schutz gewähren) war natürlich nur reine Makulatur. Denn eigentlich hätte die einheimische Bevölkerung Schutz vor den ausbeuterischen Kolonialherren bedurft. (Stoecker 1991: S. 28 f.)

Die Schwarzafrikaner wurden nicht als gleichwertige Menschen oder gar (wie es ihnen eigentlich zustehen würde) als übergeordnete Gastgeber angesehen. Vielmehr wurden sie als unselbständige, unmündige Kinder dargestellt, derer man sich annehmen müsse, um sie aus dem verderblichen Müßiggang und der Faulheit herauszuholen. (so Cecil Rhodes nach Gronemeyer 1991: S. 11, ähnlich auch Hans Sauer lt. Fiedler-Conradi 1991: S. 145, vgl. auch Erbar 1992: S. 142)

Andere gingen sogar noch weiter, indem sie die Schwarzafrikaner als *„faule Teufel“* diffamierten, deren sündiger Müßiggang Ursache für Unmoral sei, der man sich entgegenstellen müsse (Gronemeyer 1991: S. 72, vgl. auch S. 83, Seitz 1991: S. 165).

Der Neger sei nicht nur von Natur aus arbeitsunwillig, sondern könne aufgrund seines verdrehten Zeitempfindens bestimmte Arbeitsaufgaben nicht in der vorgeschriebenen Zeit ordnungsgemäß erledigen. So betrachteten es viele

Kolonialherren als schwierigste Aufgabe, den Schwarzafrikanern Verantwortungsbewusstsein und europäisches Zeitempfinden sowie die Organisiertheit des europäischen Arbeitsrhythmus anzuerziehen. (Seitz 1991: S. 165)

Um die weiße Herrschaft und somit die Möglichkeit der kolonialen Ausbeutung zu erhalten und zu sichern, wurde keine Möglichkeit ausgelassen, die Trennung der Schwarzen von den Weißen sowie die Ungleichbehandlung (im Sinne einer Schlechterstellung der Schwarzen) aufrechtzuerhalten. So begründete die Kolonialregierung von Kamerun z.B. die Rassentrennung in den Städten mit der Zielsetzung, die Weißen vor den Schwarzen als Verbreiter von Krankheiten und schlechten Sitten schützen zu wollen. So sahen die deutschen Ärzte die afrikanische Bevölkerung und vor allen Dingen deren Kinder, die als wichtige Zwischenwirte für die

Malaria-Erreger bekannt waren, als gesundheitliche Gefahr unter tropenhygienischen Aspekten für die die deutschen Siedler an, der man durch Segregation begegnen musste. Letztendlich wurde damit jedoch nur ein Ziel verfolgt, nämlich die Distanz zwischen Herrschenden und Beherrschten zu erhalten. (Eckert 1995: S. 250, Stoecker 1991: S. 183)

Ähnlich verhielt es sich auch mit dem in vielen Kolonien ausgesprochenen Verbot von „Mischehen", wobei es darum ging, die Reinheit der weißen Rasse zu erhalten und damit ihren Herrschaftsanspruch zu sichern. Gleichzeitig wurde die Übertragung der Reichsangehörigkeit (gilt für deutsche Kolonien) auf farbige Ehepartner oder die Kinder aus Mischehen (Mischlinge) verhindert, was ansonsten die strikte Abschottung der Herrschaftsrasse gefährdet hätte. (Stoecker 1991: S. 183 f.)

Der in Togo herrschende Gouverneur Graf von Zech begründete noch Anfang des 20. Jahrhunderts die Unterscheidung zwischen Weißen und Farbigen mit der überwältigenden Überlegenheit der weißen Rasse in kultureller Beziehung (Sebald 1992: S. 114, Adjai Paulin Oloukpona-Yinnon 1992: S. 434 f.). Die Rassentrennung war fester Bestandteil der deutschen Kolonialpolitik und diente dem Erhalt des Systems der Beherrschung und Ausbeutung. Nur so konnten die Einheimischen von der Rechtsprechung der Weißen ausgeschlossen (hatten somit nicht die gleichen Rechte) und auch ansonsten auf vielerlei Weise diskriminiert werden, was immer mit der Unreife der „Naturvölker" begründet wurde, die sich nach den Vorgaben der (selbsternannten) „Kulturvölker" zu richten hätten. (Erbar 1992: S. 141)

Das große Ziel des weißen Mannes, in Afrika die Arbeitsgesellschaft einzuführen, ist gescheitert. Weitaus schlimmer wiegt jedoch, dass als Folge dieses Versuches die Rückkehr zu einer subsistenten und selbstgenügsamen aber vor allem funktionierenden Existenz versperrt ist. Afrika wurde nicht die Möglichkeit eingeräumt, einen eigenen, von westlichen Normen abweichenden Weg zu beschreiten. (Gronemeyer 1991: S. 10)

Als Grund für das Scheitern der Einführung der Arbeitsgesellschaft wird die Starrsinnigkeit des afrikanischen Bauern angeführt, die es erheblich erschwere, dessen Einstellung zu ändern. Zudem behindere die Institution der afrikanischen Großfamilie als subsistente Einheit und soziales Auffangnetz den ökonomischen Fortschritt in Afrika, obwohl diese zu zerstören bzw. zumindest aufzulockern versucht wurde. (Gronemeyer 1991: S. 16, 56)

Noch heute sind die einschlägigen Vorurteile über Schwarzafrikaner vorzufinden, die jetzt von den sogenannten *„Entwicklungsexperten“* geäußert werden. Enttäuscht über das Scheitern von ihnen initiierter Entwicklungshilfeprojekte werden dafür mangelnde Arbeitsdisziplin, Planlosigkeit bis hin zur Unfähigkeit der Einheimischen verantwortlich gemacht, anstatt mögliche Ursachen bei sich selber zu suchen. Dennoch ist der Entwicklungsexperte immer wieder gewillt, die diagnostizierten Defizite zu beseitigen. (Gronemeyer 1991: S. 7 f., 12, 21)

Schon Jean-Paul Sartre (1905 – 1980) beklagte die „provokatorische Ohnmacht und die aggressive Passivität der Afrikaner“, die jegliche Bestrebungen im Kampf gegen den schwarzen Müßiggang zunichtemachten (Gronemeyer 1991: S. 10)

Bei den besagten heutigen Entwicklungshilfemaßnahmen handelt es sich oftmals um prestigeträchtige Projekte, die ohne planerische Mitwirkung sowie ohne zustimmende Willensäußerung der einheimischen Bevölkerung (hiermit sind nicht die Regierungsstellen, sondern in erster Linie die von dem jeweiligen Projekt direkt betroffenen Einheimischen gemeint) entschieden, geplant und durchgeführt werden. Dann muss man sich auch nicht wundern, dass die eurozentristischen (aus europäischer Sicht vielleicht sinnvollen) Projekte scheitern. Denn entscheidend für das Gelingen sind nicht die Meinungen der ausländischen Weißen, die in das fremde Land einfallen und den Menschen dort in kolonialherrischer Art und Weise ihren (wenn vielleicht auch gutgemeinten) Willen aufzuzwingen versuchen, sondern die von den Afrikanern nach ihren Bedürfnissen selbst initiierten Maßnahmen, die dann (sofern von afrikanischer Seite gewünscht) durch weiße Helfer unterstützt werden können. Dabei sind die vor Ort herrschenden, ganz individuellen afrikanischen Arbeitsweisen und kulturelle Besonderheiten zu beachten und zu akzeptieren. Ein zwanghaftes Überstülpen der sogenannten westlichen Kultur mit ihren Normen und Werten ist bisher offensichtlich gescheitert und wird dies voraussichtlich auch in Zukunft tun. Ein Festhalten an derartigen Bestrebungen stellt eine unnötige Energieverschwendung dar. Dennoch fällt auf, dass von den Kolonialherren bis zu den heutigen *Entwicklungsexperten* eine geradezu konsequente Weigerung zu bestehen scheint, die fremden Kulturen und Menschen anders als unter dem Gesichtspunkt des Disziplindefizites zu sehen (Gronemeyer 1991: S. 22). Das Andere einfach als gleichberechtigte Alternative anzusehen, von der man wohl möglich sogar noch etwas lernen kann, fällt vielen schwer. Und selbst wenn sie diese Absicht noch vollmundig verkünden und glauben, diese Devise vorzuleben, sind sie doch von ihrer eigenen westlichen Kultur so geprägt, dass sie gewisse ethnozentristische oder gar rassistische Einstellungen und Handlungsweisen nicht mehr bewusst wahrnehmen.

Die Kolonialherrschaft und das Festhalten daran wurden oft damit begründet, dass die in Afrika vorzufindenden, unzivilisierten „Naturvölker" aufgrund ihrer Unreife nicht in der Lage seien sich selber zu regieren und deswegen des *Schutzes* bedürfen (Stoecker 1992: S. 86, Sebald 1992: S. 108, Erbar 1992: S. 134 f., 141 f.). Dabei hätten die sogenannten *Herrenvölker* geradezu ein natürliches Recht, zu herrschen (Kum´a Ndumbe III 1992: S. 164). Unter heutigen Gesichtspunkten scheinen die Anhänger der Kolonialherrschaft Recht behalten zu haben. Gemäß den damals geäußerten einschlägigen Warnungen sind in den unabhängig gewordenen, ehemaligen Kolonien zum Teil Korruption, Vetternwirtschaft, Bürgerkriege und andere chaotische Zustände vorzufinden, die das geäußerte Vorurteil von der Unfähigkeit, sich selbst zu regieren, zu bestätigen scheinen. (Geiss 1992: S. 22 f.)

Dabei wird vergessen, dass erst die Kolonialherren durch ihre Ausbeutung und Zerstörung der subsistenten Strukturen der afrikanischen Bevölkerung ein wahres Schlachtfeld hinterließen und diese damit alleine ließen. Weitere Begleiterscheinungen der Kolonialherrschaft waren der Verlust der Selbstbestimmung der Afrikaner, die erzwungene Unterordnung unter eine Fremdherrschaft, der Land- (inkl. Bodenschätze) und Viehraub sowie die Zwangsarbeit, wovon sich dieser Teil der Erde bis heute nicht erholt hat (Stoecker 1991: S. 284). Die Regierungen der nun sich als „unabhängig" bezeichnenden Staaten sowie die gesamten Verwaltungsstrukturen waren durch die ehemaligen Kolonialherren vorgeprägt und vorstrukturiert. Die Menschen, die von Kindheit an die fremden Normen und Werte u.a. auch mittels der Kolonialschulbildung internalisiert hatten (Adick 1992: S. 464), konnten sich nun nicht schlagartig auf ihre ureigene Identität zurückbesinnen. Und so sind heutige Regime von Schwarzen als das zu betrachten, was sie sind. Marionettentheater und ein Produkt ehemaliger weißer Herrschaft, die sich nicht mehr aus der prägenden Geschichte Afrikas auslöschen lässt und diese Region bis heute mit ihren Auswirkungen belastet.

Was die Betrachtung und Beurteilung von Eigenschaften von Menschen anderer Ethnien angeht, so kommt es immer auf den Standpunkt des Betrachters und dessen Sichtweisen an. So kann z.B. Redegewandtheit auch negativ als Geschwätzigkeit, Bedürfnislosigkeit als

Faulheit und Offenheit als Frechheit gedeutet werden. (Jandl 1992: S. 490)

3. Ethnozentrismus in der typischen Weise des Eurozentrismus gegenüber Afrika anhand von zwei Beispielen

Unter diesem Gliederungspunkt soll es um zwei beispielhafte „Helfer" gehen, bei denen untersucht werden soll, wie sie ihre Helferphantasien umsetzen, Fremdheitserlebnisse wahrnehmen und welche Rolle dabei evtl. der Ethno-/Eurozentzentrismus spielt.

3.1. Beispiel Karlheinz Böhm

Anhand von zwei biographischen Büchern soll unter Berücksichtigung des

Lebenswandels und der Aussagen von Karlheinz Böhm überprüft werden, inwieweit seine Fremdheitsbilder durch eurozentristische Sichtweisen geprägt sind. Zusätzlich soll versucht werden, die Ursachen seiner Helferphantasien zu ergründen. Denn wie ist es dazu gekommen, dass ein erfolgreicher Schauspieler seinen Beruf nach Jahrzehnten der Ausübung aufgibt, um sich fortan als selbstloser Helfer in Afrika zu verdingen? Diese und andere Fragen sollen gestellt und nach Möglichkeit im Folgenden beantwortet werden.

3.1.1. Kurzer Lebensabriss

Karlheinz Böhm wurde am 16. März 1928 als Sohn des Dirigenten Dr. Karl Böhm und der Sängerin Thea Lienhard in Darmstadt geboren. Er studierte in Graz (Germanistik/Anglistik) und Rom (Kunstgeschichte), brach sein Studium jedoch ab, um ab 1948 nach ersten Gehversuchen als Regisseur am Studententheater für sechs Monate die Schauspielschule bei Albin Skoda und Helmuth Krauß zu besuchen.

Gleich im Anschluss daran erhielt er 1949 seinen ersten großen Vertrag als Schauspieler beim Burgtheater in Wien.

Bis 1959 spielte Karlheinz Böhm in mehr als 30 Kinofilmen mit, darunter auch die Sissi-Trilogie (1955/56/57) und die zweite Hauptrolle neben Hildegard Knef in „Alraune" (1952). Nach einem zwischenzeitlichen Aufenthalt in den USA (Los Angeles) und diversen Filmarbeiten für die Filmfirma Metro-Goldwyn-Mayer (MGM) kehrte er 1962-63 zurück nach Europa. In den siebziger Jahren (1973-75) drehte er im Rahmen einer Zusammenarbeit mit Rainer Werner Fassbinder vier Filme.

Nach einem ersten Aufenthalt in Kenia im Jahre 1976 schließen sich bis zum Jahre

1981 Engagements am Basler Stadttheater und am Düsseldorfer Schauspielhaus an.

Im Mai 1981 kam es dann zu dem alles verändernden Auftritt in Frank Elstners Show „Wetten, daß ...?“ und dem ersten Aufruf zur Spendenaktion. Dieses schicksalhafte Jahr war des Weiteren mit dem Tod der beiden Elternteile verbunden. Dennoch fand Karlheinz Böhm die Kraft, nach einem ersten Besuch in Äthiopien die Hilfsorganisation „Menschen für Menschen“ unter seiner Leitung zu gründen, die dann bereits im Dezember des gleichen Jahres mit ihrem ersten Förderprojekt im Erer-Tal in Äthiopien begann.

Im Oktober 1983 nahm Böhm endgültig Abschied von der Bühne am Theater in der Josefstadt, um sich nun fortan ausschließlich seiner gemeinnützigen Arbeit widmen zu können. Für diese erhielt er zahlreiche Auszeichnungen: das große Verdienstkreuz der Bundesrepublik Deutschland, das österreichische Bundesverdienstkreuz (beide 1984), den Theodor-Heuss-Preis (1985) und den humanistischen Preis der deutschen Freimaurer (1986).

Dem 1. Hilfsprojekt im Erer-Tal folgten weitere in Illubator (1985) und in Merhabete (1988), beide wiederum in Äthiopien.

1991 ehelichte Karlheinz Böhm in 4. Ehe die Äthiopierin Almaz Teshome, mit der er einen Sohn (Nicolas, 1990) und eine Tochter (Aida, 1993) hat. (Wolter 1997: 187 ff., Böhm 1993: S. 1)

Dieser kurze Lebensabriss soll einen kleinen Eindruck über die Person und den Werdegang des Karlheinz Böhm vermitteln. Auf im Sinne dieses Buches wichtige Punkte wird selbstverständlich in dem nachfolgenden Kapitel ausführlich eingegangen.

3.1.2. Der Helfer Karlheinz Böhm

Im Oktober 1980 wurde die entscheidende Wende im Leben von Karlheinz Böhm eingeleitet. Er spielte zur damaligen Zeit gerade den *König Lear* und den *Baumeister Solness* am Düsseldorfer Schauspielhaus. Aufgrund einer ausgefallenen Theatervorstellung schaltete er entgegen seiner sonstigen Gewohnheiten den Fernseher ein. Zufälligerweise war dort ein Film über die Sahelzone (südliches Randgebiet der Sahara; Afrika) zu sehen, der über die Armut und das Sterben der Menschen vor Ort berichtete. Böhm war tief berührt und erschüttert. Ihm war unverständlich, wie desinteressiert und ignorant dabei die Menschen und Politiker in der Bundesrepublik Deutschland sich gegenüber diesem Thema verhielten. Im deutschen Bundestag wurden damals über so belanglose Dinge, wie die Aufstockung des Verteidigungs-Etats für Flugübungsbenzin für die Bundeswehr in Höhe von DM 100

Millionen debattiert, während in Afrika Menschen an Hunger starben. (Böhm 1993: S 9 f., Wolter 1997: S. 10)

Kurze Zeit später erhielt er die Einladung, als Gast in der Show „Wetten, daß …?" mit Frank Elstner im Zweiten Deutschen Fernsehen aufzutreten. Dies brachte Böhm auf den Gedanken, beide Ereignisse miteinander zu verbinden und in der Sendung eine Wette zum Thema *„Notleidende Menschen in der Sahelzone"* einzubringen. Frank Elstner fand die Idee zwar grundsätzlich gut, rechnete jedoch mit einer Ablehnung des Sendeleiters, da gemäß den Regeln der Sendung die Wetten noch am selben Abend der Show eingelöst werden müssen. Schließlich einigte man sich jedoch darauf, die Wette zusätzlich zu einer normalen Wette am Schluss der Sendung außer Konkurrenz zu präsentieren. Und am 16. Mai 1981, dem Sendetag der Show, war es dann so weit. Er präsentierte seine Wette und bat darin um Spenden für die notleidenden

Menschen in der Sahelzone. (Böhm 1993: S. 10, Wolter 1997: S. 7, 115)

Der Spendenaufruf brachte ca. DM 1,7 Millionen zusammen. Karlheinz Böhm gibt dabei selbst zu und damit seinen Kritikern in diesem Punkt Recht, er sei sehr spontan und unvorbereitet an die ganze Sache herangegangen. Er wusste zwar, dass er helfen wollte, über die genaue Ausgestaltung seiner Hilfe hatte er sich jedoch bis zu diesem Zeitpunkt keine Gedanken gemacht. Und dass er nur ein halbes Jahr nach diesem Aufruf der Vorsitzende einer eigenen Hilfsorganisation (Menschen für Menschen) sein würde, hätte er sich auch nie träumen lassen. Manchmal entwickeln jedoch vereinzelte, spontane Aktionen eine ganz eigene Dynamik. Als Empfänger der Spenden gab er in seinem Aufruf die drei Bundespräsidenten der Bundesrepublik Deutschland, der Republik Österreich und der Schweiz an. Und dies tat er ohne vorherige Absprache mit diesen (!), was wiederum ein Indiz für die Spontanität und Unüberlegtheit der ganzen Aktion war. (Böhm 1993: S. 13, Wolter 1997: S. 8, 115, 117)

Anstatt sich nun in Ruhe zurück zu lehnen, das Geld weiterzuleiten und die Arbeit professionellen Organisationen, wie z.B. dem Roten Kreuz oder der Unicef, zu überlassen, wie es im Übrigen auch der damalige Bundespräsident Karl Carstens riet, wollte Böhm nun die Sache tatsächlich selbst in die Hand nehmen. Er sieht darin jedoch nicht einen Bruch in seinem Lebenslauf, wie Außenstehende dies oftmals deuten, sondern vielmehr eine Fortsetzung seiner gesellschaftspolitischen Entwicklung seit Ende der sechziger Jahre. Insbesondere weist er auf das Jahr 1968 und den Aufstand der jungen Generation gegen die Bequemlichkeit des Materialismus hin, was ihn stark beeindruckt habe und für ihn persönlich einen Wendepunkt in seinem Leben darstelle (Wolter 1997: S. 83). Er gibt zu, dass man üblicherweise in jungen Jahren eher zum Protest neige und je älter man werde, man an Ruhe, Angepasstheit und Zurückhaltung gewinne, er jedoch eher den umgekehrten Weg gegangen sei, indem er mit zunehmenden Alter ein vertieftes politisches Gewissen und soziales Bewusstsein entwickelt habe. In den siebziger Jahren wurde sein Interesse am politischen Geschehen und den Vorgängen insbesondere auch in der dritten Welt immer ausgeprägter. Dabei machten ihm insbesondere die Armut und das Elend in der dritten Welt und die mangelnde Anteilnahme seiner Mitmenschen daran sehr zu schaffen. Als sich nun Anfang der achtziger Jahre die Möglichkeit bot, selbst aktiv an der Lösung der Probleme mitzuarbeiten und Hilfe vor Ort zu leisten, griff Karlheinz Böhm zu. (Böhm 1993: S. 14 f., Wolter 1997: S 8 f.)

Bei der Arbeit seiner Organisation steht dabei die Vernunft und die Verantwortung als Mensch (daher auch der treffende Name „Menschen für Menschen“) im Vordergrund, wogegen resignierendes Mitleid als wenig produktiv abgelehnt wird (Wolter 1997: S. 25). Böhm glaubt, nun das ausleben zu können, was angeblich schon immer in ihm verborgen gewesen sei: die Nächstenliebe, die Verantwortung für andere Menschen und der Gerechtigkeitssinn (Wolter 1997: S. 115). Dabei will er sich lediglich als „Aussteiger“ aus seinem bisherigen, unausgefüllten Leben, aber in erster Linie als „Einsteiger“ in ein vernünftiges Leben verstanden wissen, in dem das Gute und das Dasein für andere Menschen neue Sinnstiftung geben (Wolter 1997: S. 140, vgl. auch Böhm 1993: S. 209).

Einfach nur helfen, ohne diese Hilfe an Bedingungen zu knüpfen. Dies kann nur auf der Grundlage völliger religiöser, politischer und wirtschaftlicher Unabhängigkeit geschehen (Wolter 1997: S. 125), auf die Karlheinz Böhm von Anfang an großen Wert legte, da in der Vergangenheit dogmatisches Denken oftmals den Zugang zur Menschlichkeit verwehrte, wie er meinte. Und diese Hilfe bedarf keiner besonderen Anerkennung, da sie selbstverständlich sei. Deswegen gab er auch 1984 die als Anerkennung seiner Leistungen für seine Hilfsorganisation gedachte Auszeichnung, den „Bambi“ für den Mann des Jahres, zurück. Der Bambi wurde später für DM 230.000,-- versteigert, wobei das Geld selbstverständlich „Menschen für Menschen“ zugutekam. (Wolter 1997: S. 144 f.)

Böhms Hilfsorganisation war 1997 ein „Unternehmen“ mit mehr als 550 Angestellten (530 davon Äthiopier) (Wolter 1997: S. 17).

Seit der Gründung 1981 bis Anfang 1997 sind etwa 245 Millionen Mark an Spendengeldern an diese Organisation geflossen (Wolter 1997: S. 14).

Mit dem Jahr 1981 ist für Böhm nach seiner Meinung das Erreichen eines Reifepunktes in seinem persönlichen Entwicklungsprozess verbunden. Einen evtl. von dritter Seite vermuteten plötzlichen Wandel zum großen Menschen oder gar Heiligen lehnt er rigoros ab. (Böhm 1993: S. 26, vgl. Wolter 1997: S. 23)

Andere wiederum, darunter viele Journalisten, zweifeln an der für sie plötzlich und unerwartet eingetretenen Läuterung des Schauspielers zum selbstlosen Helfer (Wolter 1997: S. 19, 9).

Das Bild des Karlheinz Böhm ist auch keineswegs so einheitlich und geradlinig, da sein soziales Engagement, wie er selbst auch gern zugibt, seiner persönlichen Sinnsuche und -findung dient. In diesem Rahmen kamen 1981 auch immer wieder Gerüchte über die angebliche berufliche Krise dieses Mannes auf, der in seiner Helfertätigkeit nur eine Fluchtmöglichkeit aus dieser sehe. (Wolter 1997: S. 116)

Die Darlegung seiner „politischen und sozialen“ Entwicklung seit den sechziger Jahren und insbesondere der unüberlegte und wenig ausgereifte Helfergedanke und damit verbundene Spendenaufruf wirken auf mich wenig überzeugend. Denn warum hat er nicht schon Ende der sechziger Jahre aktiv am politischen Geschehen teilgenommen, wenn ihn die damalige Zeit verbunden mit den Umbrüchen doch so sehr beeindruckt hat, wie er vorgibt. Ich sehe in der Wette von 1981 und der daraus folgenden Aktion einen entscheidenden Bruch im Leben des Karlheinz Böhm. Mir scheint, wir haben hier einen (damals) dreiundfünfzigjährigen Mann vor uns, der sich in einer Midlife-Crisis befindet. Er blickt auf sein Leben zurück, das nun zu 2/3 abgeschlossen ist, und glaubt, so viele Dinge versäumt, noch nicht erlebt und nicht erledigt zu haben. Nur so erscheinen der plötzliche und (auch für sein Umfeld) unerwartete Aktionismus und der Abbruch seiner schauspielerischen Karriere erklärbar. Dass er dies selbst natürlich so nie zugeben könnte und entsprechende, andere Erklärungsmuster entwickelt, ist ebenso verständlich.

Die Hypothese der Midlife-Crisis wird auch durch die Beziehungen Böhm`s zu erheblich jüngeren Frauen gestützt, die ebenfalls in diesen neuen Lebensabschnitt fallen. So zum Beispiel die Beziehung zu seiner Lebensgefährtin Eva Hess in den achtziger Jahren (Böhm 1993: S. 17), die er im Alter von vierundzwanzig Jahren kennenlernte (und er war damals mehr als doppelt so alt wie sie), und seine Ehe mit der Äthiopierin Almaz Teshome (Böhm 1993: S. 261, Wolter 1997: S. 149), die er gegen Ende der achtziger Jahre mit Anfang zwanzig kennen und lieben gelernt und später geheiratet hat (der Altersunterschied zwischen ihr und Böhm beträgt 37 Jahre) (Wolter 1997: S. 18).

Böhm gibt selbst zu, 1981 total unwissend über die genaue Lage in Afrika gewesen zu sein und dass es ihm daher egal war, ob er seine Hilfe im Tschad, in Äthiopien oder im Sudan leisten können würde. Er bot allen diesen drei Ländern seine Hilfe an, von denen Äthiopien am schnellsten reagierte und somit den Zuschlag als neuen Wirkungskreis des Karlheinz Böhm erhielt. (Böhm 1993: S. 15, Wolter 1997: S. 8, 10, 118)

Ohne also sich zuvor jegliches Grundwissen über Afrika, die Menschen und die Lage dort angeeignet zu haben und nur aufgrund einer von der Presse populistisch produzierten

Fernsehsendung wollte er seine Hilfsaktion und damit seine Helferkarriere starten. Dies löst bei mir gemischte Gefühle aus. Natürlich ist der gute Wille erkennbar und bewundernswert. Kritisiert aber werden muss die mangelnde Vorbereitung und Auseinandersetzung mit der Materie, bevor ein derartiges Großunternehmen gestartet wurde.

Das Jahr 1981 brachte für Karlheinz Böhm jedoch noch andere, weitreichende Veränderungen mit sich. Kurz nacheinander starben erst Mitte August sein Vater und dann zwei Monate später seine Mutter. Sein Vater, der ansonsten als Dirigent weit in der Welt herumgekommen war, hatte keinerlei Beziehungen zu Afrika und ebenso keine Erfahrungen mit diesem Kontinent, dem Land Äthiopien, den dortigen Menschen und deren Kultur. Seine Bilder von Afrika bewegten sich in den üblichen Stereotypen, geprägt von Wildheit und Unzivilisiertheit. Als er von den Plänen seines Sohnes in Afrika hörte, kamen bei ihm durch Vorurteile geprägte Ängste auf. Er befürchtete, sein Sohn würde von den Speeren der Eingeborenen durchbohrt und von Löwen aufgefressen werden. (Böhm 1993: S. 18 f., 24, Wolter 1997: S. 117, 119)

Der Tod der Eltern war mit einer größeren Erbschaft verbunden, die es Böhm ermöglichte, sich nun aufgrund der neu gewonnenen finanziellen Unabhängigkeit ganz und gar auf seine unbezahlte Helfertätigkeit zu konzentrieren und die bezahlte Schauspielertätigkeit aufzugeben. Gleichzeitig empfand er, trotz all seiner Liebe zu seinen Eltern, eine gewisse Befreiung durch deren Tod. Er fühlte sich von ihnen nie richtig ernst genommen und bis zuletzt als Kind behandelt. Dies drückt sich auch darin aus, dass sie selbst über den Tod hinaus dem erwachsenen Sohn die Fähigkeit, mit Geld umzugehen, abgesprochen und einen Testamentsvollstrecker eingesetzt hatten. Dieser hatte darauf zu achten, dass Karlheinz Böhm das ererbte Geld richtig ausgibt. Dieses Misstrauen in seine Fähigkeiten hat ihn doch recht betroffen und traurig gemacht. Daher sah er den Tod seiner Eltern als Chance für einen Neubeginn, um eigene Kräfte zu entdecken und eigene neue Wege zu beschreiten. (Böhm 1993: S. 24 ff., 244, Wolter 1997: S. 45, 119 f.)

Als Karlheinz Böhm das erste Mal nach Äthiopien flog, begleiteten ihn Erwartungen, eine Militärdiktatur vergleichbar mit Hitlerdeutschland vorzufinden. Er war jedoch dem Neuen und Anderen aufgeschlossen genug, um recht bald nach seiner Ankunft festzustellen, dass in Äthiopien „die Uhren anders gehen“. Er erkannte, dass die Menschen dort eine ganz andere Denkweise und eine ganz andere Mentalität als die Menschen in Europa haben. Was in unseren Breitengraden als Militärdiktatur bezeichnet und mit entsprechend negativen Eigenschaften verknüpft wird, hat in anderen Kulturkreisen ganz eigene Dimensionen. Er machte gleich zu Anfang die Erfahrung, dass man mit einem freundlichen Lächeln auf die Afrikaner zugehend auch im ersten Anschein schwierig oder gar heikel wirkende Situationen lockern und meistern kann. Hier hat er den meisten sogenannten „Entwicklungsexperten“ so einiges voraus, indem er trotz einschlägiger Vorurteile versucht, offen auf die Menschen zuzugehen und andere Lebensweisen zumindest teilweise zu akzeptieren. (Böhm 1993: S. 235, vgl. Wolter 1997: S. 120)

Interessant ist die unterschwellig erkennbare Kritik an anderen Hilfsorganisationen, indem er das Aussätzigen-Hilfswerk, die SOS-Kinderdörfer und seine eigene Organisation (Menschen für Menschen) dafür lobt, sich nur auf eine *Sache* zu konzentrieren, mit dem Bestreben, diese eine Sache so gut wie möglich zu machen. Er deutet damit an, dass sich Universal-Hilfsorganisationen der Gefahr aussetzen, sich zu „verzetteln" und dass somit der gewünschte Erfolg ausbleibt. (Böhm 1993: S. 237)

Böhm bereiste einige Flüchtlingslager, die aufgrund des 1978 beendeten Nachbarschaftskrieges zwischen Somalia und Äthiopien entstanden waren. Er analysiert messerscharf, dass es sich dabei um einen Spätfolgekrieg des Kolonialismus und der durch die Kolonialmächte willkürlich gezogenen Staatsgrenzen handelte und sich des Weiteren in Afrika indirekt der Ost-West-Konflikt in kriegerischen Auseinandersetzungen fortsetzte, indem beide Kriegsparteien jeweils von den Kontrahenten USA und Sowjetunion mit Waffen und Beratern unterstützt wurden. Böhm sieht damit die Verantwortlichen für die Auseinandersetzungen und Missstände in Afrika in erster Linie bei uns (in der sogenannten 1. Welt), da durch unsere Unterdrückung und Ausbeutung so viel Leid und Armut nach Afrika (der sogenannten 3. Welt) gebracht worden seien. Vielleicht ergibt sich aus dieser Erkenntnis und einem womöglich schlechten Gewissen der Helferwillen mit dem Ziel der Wiedergutmachung. Aufgrund der Eindrücke in den Flüchtlingslagern entstand das Erer-Tal-Projekt, das den Flüchtlingen eine neue Heimat und Lebensgrundlage bieten sollte. (Böhm 1993: S. 136, 238 ff., Wolter 1997: S. 123 f.)

Aus dem Blickwinkel des reichen, wohlgenährten Europäers wirken die Bilder der *armen* und *hungernden* Afrikaner entsetzlich. Der Überfluss hier und die Situation dort im Vergleich lösten geradezu zwingend das Bedürfnis bei Böhm aus, den Lebensstandard der Afrikaner wesentlich erhöhen zu wollen. (Böhm 1993: S. 218, 242, Wolter 1997: S. 135)

Dennoch erlebt er die Armut immer nur aus der Sicht des „(Armuts-)Touristen", der im Land Rover anreiste, in den Botschaften Deutschlands, Österreichs und der Schweiz lebte, aber tiefe Betroffenheit empfand. (Böhm 1993: S. 243 f.)

Die Definition, was als arm und was als reich zu bezeichnen ist, fällt indes schwer, da hier der eigene Standpunkt und damit die Sichtweise eine wesentliche Rolle spielt. Was wir in unserer deutschen Wohlstandsgesellschaft als sehr arm, z.B.

einen Sozialhilfeempfänger, bezeichnen würden, würde aus der Sichtweise eines Afrikaners in Äthiopien als reich gelten. Es werden also unterschiedliche Maßstäbe angelegt. Arm ist nicht gleich arm und reich ist nicht gleich reich. Regionale und gesellschaftliche/kulturelle Unterschiede sind hier, insbesondere bei der Ausgestaltung der (Entwicklungs-)Hilfe, zu beachten. Die Schwierigkeiten, die aus der Anlegung eines falschen Maßstabes entstehen können, musste auch Karlheinz Böhm kennenlernen. Er gibt selbst zu, den Siedlern anfangs zu viel Starthilfe in Form von Lieferungen von Lebensmitteln, Öl zum Kochen, Kerosin für Lämpchen in den Hütten, Vieh (Hühner, Schafe, Ziegen, Ochsen usw.) und Kleidung gewährt zu haben. Für Böhm erschien dies sogar noch wenig aus seiner Sichtweise des reichen Europäers. Im Nachhinein erkannte er jedoch die darin enthaltene Problematik. Die Afrikaner nämlich waren an diesen

„Wohlstand“ nicht gewöhnt und hätten langsamer an ihn herangeführt werden müssen. So wurden jedoch neue Begehrlichkeiten geweckt, deren Erfüllung immer schwieriger wurde. Außerdem war es nun schwierig, die einmal geweckten Ansprüche wieder herunter zu schrauben und die Versorgung herabzusetzen. Es kam daraufhin zu Unstimmigkeiten und Auseinandersetzungen zwischen Böhm und den Afrikanern in seinem Projekt, die die Kürzungen nicht hinnehmen wollten. Es wurden sogar Demonstrationen gegen ihn und seine Organisation *Menschen für Menschen* organisiert. Böhm erkannte, dass ein Zuviel an Hilfe auch Unselbständigkeit hervorrufen kann und mitunter kontraproduktiv wirkt. Obwohl der Widerstand und die Auflehnung seiner *Schützlinge* ihn sehr verbitterten und mit Zorn erfüllten, bereute er den Umfang seiner Hilfe bis zuletzt nicht. Dies zeigt, dass er aus den aufgetauchten Problemen und den gemachten Fehlern nichts gelernt hat. Obwohl er erkannt hat, dass der eigene Maßstab für die Beurteilung von Sachverhalten und das Treffen von Entscheidungen nicht immer in jeder Situation und an jedem Ort der richtige ist, nutzt er diese Erkenntnis nicht und passt sich nicht den örtlichen Gegebenheiten an bzw. stellt sich nicht auf diese ein. Dies zeugt in meinen Augen von einer gewissen Arroganz. (Böhm 1993: S. 251 ff., Wolter 1997: S. 134)

Böhm hat sich auch nicht ausgiebig mit den Sitten und Gebräuchen seines Gastlandes Äthiopien beschäftigt und trat somit in so manches Fettnäpfchen (Böhm 1993: S. 253 f.). Bevor man sich in ein fremdes Land mit einer anderen Kultur begibt und dort länger tätig werden möchte, sollte man sich unbedingt vorher mit den dortigen Sitten, Gebräuchen und Verhaltensmustern sowie den sonstigen Umständen vor Ort beschäftigen. So kann manchen Schwierigkeiten und unnötigen Missverständnissen von vornherein vorgebeugt werden.

Die Eindrücke des fremden Landes haben ihre Spuren bei Karlheinz Böhm hinterlassen. Dem in Deutschland oftmals auftretenden Bild vom *faulen Neger* begegnet Böhm heute mit Empörung. Aufgrund seiner Erfahrungen mit dem afrikanischen Klima und anderen widrigen Umständen vor Ort sind ihm die Schwierigkeiten des dortigen Arbeitens wohl bewusst, womit er einem vorurteilsbehafteten (weil unwissenden) Durchschnittsdeutschen Einiges voraushat. (Böhm 1993: S. 249 f.)

Dass sich die technischen Errungenschaften der westlichen Kultur (zum Beispiel elektrische Brunnenpumpen, die sich aus verschiedenen Gründen als unpraktikabel erwiesen und daher durch gewöhnliche

Handpumpen ersetzt wurden) nicht immer so problemlos übertragen und in einem anderen Umfeld anwenden lassen, war ebenso eine aus Erfahrungen entstandene Erkenntnis. Auf der anderen Seite hält es Böhm für falsch und unmöglich, den Afrikanern moderne Technik (z.B. in bezug auf Farm-Methoden: Gegensatz von Ochsen- oder Hakenpflug zu Traktoren und Bulldozern) vorzuenthalten, da Afrika untrennbar mit dem Rest der Welt und damit auch der Weltwirtschaft verbunden sei, der man sich nicht verschließen und letztendlich anpassen müsse. Das Fortbestehen unterer Entwicklungsstufen in einer globalen und zusammenwachsenden Welt ist für ihn undenkbar. Aber auch von afrikanischer Seite selbst ist der Wunsch nach moderner Technik (Traktoren statt Ochsen) durchaus vorhanden, da die Erfolge bzw. die erwirtschafteten Erträge durch diese in den Industrieländern den Bewohnern der 3. Welt nicht verborgen blieben und sie nun an diesem Wohlstand partizipieren wollen. Das aber z.B. der Einsatz von Chemikalien in der Landwirtschaft (Dünger und Pestizide) durchaus auch negative Auswirkungen haben können, wird von den Afrikanern nicht wahrgenommen, aus welchen Gründen auch immer. (Böhm 1993: S. 250 f., vgl. auch S. 278 ff., Wolter 1997: S. 138 f.)

Und so besteht die Gefahr, dass in Afrika die gleichen Fehler noch einmal gemacht werden, wie bei uns. Dieses Problem vollzieht sich weltweit, denn überall gibt es Staaten, die „entwickelt“ werden sollen oder selber nach „Höherem“ streben. Doch man stelle sich einmal vor, dass die Bevölkerung Chinas, des Fahrrads überdrüssig, danach strebe, das eigene Land zum Land des Autos werden zu lassen (Stand dieser Betrachtung 1997/98). Auf der einen Seite wäre dies natürlich ein potentieller, umfangreicher Absatzmarkt für die westlichen Industrieländer sowie die eigene chinesische Industrie, wenn man an die Bevölkerungszahl Chinas denkt. Auf der anderen Seite käme es jedoch zu einer ökologischen Katastrophe durch entsprechende Umweltbelastungen. Also was tun? Ihnen deswegen ein Recht auf „Entwicklung“ versagen, selber aber weitermachen wie bisher? Wer soll das entscheiden und vor allen Dingen durchsetzen? Lösungsansätze sind leider nicht in Sicht.

Karlheinz Böhm legt großen Wert auf die Feststellung, dass zwischen ihm und den Einheimischen vor Ort kein Herrschaftsverhältnis bestünde. Vielmehr seien sie eine große Familie. Böhm wird von allen *„Vater“* genannt, was er auf eine alte äthiopische Tradition zurückführt, nach der jeder Mann, der einem anderen hilft oder etwas gibt, Vater genannt wird. (Böhm 1993: S. 254, vgl. auch S. 258, vgl. Wolter 1997: S. 2, 135, 139)

Dahinter steckt jedoch nicht eine äthiopische Tradition, wie Böhm irrtümlich annimmt, sondern ein Relikt aus der Zeit des Kolonialismus, als weiße Missionare den christlichen Glauben nach Afrika brachten, den Menschen dort *gaben* und *halfen* und *Vater* (Padre = Pater = Vater) genannt wurden. Nun, da wieder ein weißer Helfer nach Afrika kommt, in diesem Fall ist es Karlheinz Böhm, liegt es nahe, dass auch er *Vater* genannt wird. Indem er diese Bezeichnung annimmt und akzeptiert, unterstützt er unbewusst alte koloniale Strukturen, deren Negativ-auswirkungen er eigentlich durch seine Hilfeleistung auszugleichen sucht.

Auch, dass kein Herrschaftsverhältnis bestünde, kann so nicht im Raum stehen gelassen werden. Da ist auf der einen Seite die arme Bevölkerung, die kaum eigene finanzielle Mittel hat, und auf der anderen Seite der reiche Europäer, der mit viel Geld kommt und seine Projekte verwirklichen will.

In einer so ungleichen Beziehung kommt es ganz zwangsläufig zu einem Herrschaftsverhältnis, das sich mehr oder weniger offen darstellt.

Böhm kann auch vorgeworfen werden, bedenkenlos westliche Werte und Normen auf die doch andere Kultur in Afrika übertragen zu wollen. Anstatt zu akzeptieren, dass in einer vom Islam geprägten Gesellschaft politische und familiäre Entscheidungen *Männersache* sind, versucht er, die Afrikaner dazu zu überreden, ebenso Frauen als Interessenvertreterinnen zu wählen. Er will damit offensichtlich nicht nur die für ihn selbstverständliche Gleichberechtigung, sondern auch demokratische Wahlen im Rahmen seiner Projekte einführen. (Böhm 1993: S. 254 f., Wolter 1997: S. 132, 181)

Dabei ist Böhm letztendlich in seinen Projekten dann doch nicht so demokratisch, wie er gern scheinen möchte. Er diskutiert zwar immer alles mit allen, behält sich jedoch stets das letzte Wort der Entscheidung vor. (Wolter 1997: S. 164)

Eine Einführung der Demokratie für das ganze Land Äthiopien hält er diskussionslos für wünschenswert, wenn auch derzeit nicht für greifbar. (Böhm 1993: S. 288)

Dies führt uns zu der grundsätzlichen Diskussion, ob die Demokratie und die Menschenrechte universell seien. Auf der einen Seite kann wohl niemand von uns ruhig und gelassen zusehen, wenn in anderen Ländern Menschen entmündigt, eingesperrt und gefoltert werden. Auf der anderen Seite müssen wir uns aber auch darüber Gedanken machen, mit welchem Recht wir uns in die Grundfesten fremder Kulturen und souveräner Staaten einmischen und, womöglich gegen den Willen des dortigen Volkes, über deren Lebensgestaltung urteilen und maßregelnd eingreifen dürfen. Und selbst die sogenannte westliche Kultur ist keine einheitliche Bastion der einzig richtigen Moral. Während in Deutschland die Todesstrafe als Verstoß gegen die Menschenrechte angesehen wird, ist in den USA, dem modernen Geburtsland der Verfechter für Recht und Freiheit (so wie sich die „Weltpolizei“ gerne sieht), die Todesstrafe durchaus nicht unüblich. Die Universalität wird also mit Recht heiß umkämpft und diskutiert. Auch ich befinde mich da in einem Gewissenkonflikt. Während ich für meinen Lebensraum die Demokratie und die Menschenrechte für uneingeschränkt erstrebenswert erachte und hierzu keinerlei Alternativen sehe und akzeptieren könnte, wage ich nicht, diese Systeme so ohne Weiteres bzw. zwanghaft auf fremde Kulturen, die einen anderen Weg gewählt haben, zu übertragen.

Der selbst ernannte Kolonialfeind Böhm verwickelt sich auch noch in Widersprüche, wenn er auf der einen Seite die Unterdrückung und Ausbeutung während der Kolonialzeit anprangert, sich dann aber selbst deren Ziele, nämlich die Einführung der Arbeits- und Leistungsgesellschaft in Afrika, auf die Fahne schreibt (Wolter: 1997: S. 178).

Obwohl Böhm – wie bereits erwähnt – versuchte, die Gleichberechtigung von Männern und Frauen in seinen Projekten einzuführen, lassen sich in seinen sonstigen Ausführungen hierzu Widersprüche ausmachen. So beklagt er sich auf Seite 262 seines Buches (Böhm 1993) darüber, dass er sich mit seiner jetzigen Frau Almaz nicht in einer der beiden Muttersprachen, sondern nur auf Englisch verständigen könne (Wolter1997: S. 152). Nachfolgend stellt er dann wie selbstverständlich fest, dass er zuversichtlich sei, dass Almaz ebenso schnell Deutsch wie damals seine polnische Frau Barbara Kwiatkowska lernen würde. Auf den Gedanken, dass er, der sich schließlich in einem fremden Land bewegt, die Sprache seiner Frau erlernt, scheint er nicht zu kommen. Der doch ansonsten so fortschrittlich wirkende Mann Böhm zeigt sich hier (zumindest) in diesem Punkt als wahrer Patriarch, für den die Frau alles tun müsse. Geradezu peinlich ist dann noch, dass sein (damals) fünfjähriger Sohn Nicolas ihm bei Verständigungsschwierigkeiten in Äthiopien hin und wieder als Dolmetscher zur Hand geht (Wolter 1997: S. 15). Selbst seine frühere Lebensgefährtin Eva Hess, die in den Anfangsjahren mit in Afrika weilte, beherrschte die Landessprache einigermaßen (Wolter 1997: S. 149). Während Almaz bis heute die deutsche Sprache recht gut erlernt hat, beherrscht dagegen ihr Mann nur ein paar Worte ihrer Sprache und muss stets auf professionelle Hilfe bei Übersetzungen zurückgreifen (Wolter 1997: S. 153).

Bereits in seiner Kindheit lernte Böhm die typische Rollenverteilung von Mann und Frau bei seinen Eltern kennen. Vater Böhm verdiente den Lebensunterhalt für die Familie und Mutter Böhm gab für ihren Ehemann ihre eigene Karriere als Opernsängerin auf, um sich voll und ganz ihren Pflichten als Ehefrau widmen zu können. Das Einzelkind Karlheinz spielte dabei nur eine untergeordnete Rolle und wurde zur Betreuung zur Oma bzw. später ins Internat „abgeschoben". (Böhm 1993: S. 30, Wolter 1997: S. 28 f., 30 f.)

Dieses System der völligen Hingabe und Fixierung auf den Ehemann, das Karlheinz Böhm bei seinen Eltern beobachtet und somit internalisiert hatte, übertrug er somit wie selbstverständlich auf seine eigenen Beziehungen zu Frauen. Seine erste Frau

Elisabeth Zonewa, gab ihren Beruf als Stewardess auf seinen Wunsch auf. (Böhm 1993: S. 129, Wolter 1997: S. 33, 60)

Ehefrau Nr. 2, Gudula Blau, und Ehefrau Nr. 3, Barbara Kwiatkowska (Künstlername: Barbara Lass), erging es nicht besser, denn auch sie mussten ihre Karrieren als Schauspielerinnen aufgeben, um nur noch für ihren Mann da zu sein. (Böhm 1993: S. 177, 181)

Die Frau habe dem Mann Untertan zu sein (nach dem Selbstverständnis von Karlheinz Böhm), so wie seine Mutter es seinem Vater gewesen war. In jungen Jahren konnte sich Karlheinz Böhm auf keinen Fall vorstellen, dass es auch anders in der Beziehung zwischen Mann und Frau laufen könnte. Und hieran scheiterten dann seine Ehen. Die Frauen konnten oder wollten die hochgesteckten Anforderungen nach mütterlichem Vorbild letztendlich nicht erfüllen, obwohl sie dies anfänglich versuchten. Aber auf der anderen Seite erfüllte ebenso Böhm nicht die an ihn gestellten Anforderungen als „perfekten Ehemann“. Dies führte zu beiderseitigen Frustrationen, was die Ehen dann letztendlich nicht überstanden. (Böhm 1993: S. 176, Wolter: 1997: S. 71)

Erst die Zusammenarbeit mit dem Regisseur Rainer Werner Fassbinder und die Übernahme der Rolle des *Macho*-Ehemannes Helmut Salomon in dem Film „Martha“ brachten Böhm zum Nachdenken über seine Beziehungen und warum sie gescheitert waren. Er erkannte die Fehler in seinem Verhalten, das nicht nur unzeitgemäß, sondern auch unangebracht war. Schon damals ließen immer mehr Frauen sich nicht mehr (und das wohl auch zu Recht) so behandeln. Auch wenn die Einsicht in das eigene Fehlverhalten nicht eine Verhaltensänderung um 180° bewirkte (was aufgrund der Radikalität auch nicht erwartet werden konnte), so wurde jedoch durch diese Bewusstmachung ein Denk- und Entwicklungsprozess ausgelöst. (Böhm 1993: S. 207, Wolter 1997: S. 93)

Dieser Entwicklungsprozess konnte jedoch nur durch eigene Erkenntnis in Gang gesetzt werden, da Böhm nicht, wie er sagt, kritikfähig sei und keine Kritik von dritter Seite annähme, worüber sich insbesondere seine Frauen beklagten. Auch dieser Charakterzug führt er auf übernommenes Verhalten von seinem Vater zurück. (Böhm 1993: S. 232)

Als sehr angenehm und erstrebenswert nimmt Karlheinz Böhm den besonderen familiären Zusammenhalt und die noch herausragende Bedeutung des Wortes „Freundschaft" in Äthiopien wahr. Die Familie als Ort der Geborgenheit und des

Zusammenhaltens auch in schwierigsten Situationen, so wie sie noch heute in Äthiopien vorzufinden ist, gibt es in Deutschland schon lange nicht mehr, was Böhm sehr bedauert und insbesondere in seiner Kindheit immer vermisst hat. (Böhm 1993: S. 262 f., 30, 37, 152 f., 185, Wolter 1997: S. 35)

Die Industrialisierung und die Entwicklung zu einer modernen, kapitalistischen Gesellschaft haben diese familiären Strukturen bei uns zerstört und führen zu einer immer mehr fortschreitenden Individualisierung mit allen dadurch entstehenden negativen Begleitumständen. Gerade aber durch die Arbeit Böhm`s, den Fortschritt nach Afrika zu bringen, werden womöglich genau diese Strukturen (Familienverband usw.) zerstört, die er für so erstrebenswert hält. Dieser Umstand erscheint ihm zum jetzigen Zeitpunkt nicht ersichtlich zu sein.

Die Motivation zum Helfen hat bei ihm in den letzten Jahren eher zu- als abgenommen. Die durch die ständige Konfrontation mit der Armut und dem Elend vor Ort entstandene Wut führte bei ihm nicht zur Resignation, sondern zur Umwandlung der Frustrationen in positive Energien als Antrieb für die Fortführung und den Ausbau seiner Hilfsaktionen. (Böhm 1993: S. 277, 291, Wolter 1997: S. 183)

Der Tod ist für Böhm grundsätzlich nichts Ungewöhnliches, solange er durch den natürlichen Alterungsprozess, unabwendbare Unfälle oder Krankheiten zustande kommt. Der Tod durch Hunger auf unserem Planeten ist für ihn jedoch unnötig, da verhinderbar, und damit ein Verbrechen an der Menschheit, das er mit allen ihm zur Verfügung stehenden Mitteln bekämpft. (Böhm 1993: S. 268, Wolter 1997: S. 142)

Die Leitung einer einflussreichen und anerkannten Hilfsorganisation befriedigt aber auch ganz triviale Bedürfnisse, wie Sendungsbewusstsein und Eitelkeit. Böhm genießt es offenbar, sich als Vater einer großen Sache, eines großen Projektes darstellen zu können, das dann auch noch unter dem Heiligenschein der Selbstlosigkeit und Gemeinnützigkeit steht. Und wer kann schon dem Charme eines derartigen Altruismus widerstehen. Ein gewisser Hang zur Selbstdarstellung liegt aber wohl in der Natur eines jeden Schauspielers. (Wolter 1997: S. 162)

Dem Schauspieler Böhm werden zudem „ehrliche Emotionen" oftmals nicht abgenommen. Er wird in diesem Zusammenhang als zu professionell gerührt und dankbar wirkend bezeichnet. (Wolter 1997: S. 21)

Gegen Ende seiner Ausführungen gelangt Böhm zu der Erkenntnis, dass er eigentlich nur sehr wenig von der äthiopischen Kultur und deren Eigenheiten weiß. Auch seine über zehnjährige Arbeit vor Ort und seine Partnerschaft mit einer Einheimischen haben ihm keinen allumfassenden Einblick liefern können, wobei seine nahezu fehlende Kenntnis der Sprache sicherlich ebenso hinderlich wirkte. Er erkennt daraus folgend die Schwierigkeit, Hilfsprojekte aufgrund eines nur ungenügenden Informationsstandes zu konzipieren, ohne dabei die Kultur und die Traditionen der Einheimischen in unzulässiger Weise zu verletzen. Auf der anderen Seite hat er aber auch Angst davor, beim Prozess der Anpassung seiner europäischen Denkart an die Mentalität der afrikanischen Menschen seine eigene Identität zu verlieren. Derartige Denkprozesse sind bei ihm erst während der letzten Jahre seiner

Entwicklungsarbeit entstanden und haben zu einem ganz neuen Bewusstsein geführt. Ebenso löst der Begriff „Entwicklungshilfe" bei Böhm Unbehagen aus und führt ihn zu der Frage, zu was diese Menschen denn entwickelt werden sollen. Er hält die westliche Welt mit ihren zweifelhaften Errungenschaften (chemische Waffen, Atomwaffen und ökologische Zerstörungen) keinesfalls für erstrebenswert, sondern plädiert dafür, dass sich alle an einen Tisch setzen und darüber diskutieren, was wir alle gemeinsam zum Besseren ändern können. Es bleibt jedoch zu befürchten, dass dieser durchaus vernünftig klingende Vorschlag Böhm`s nie in die Realität umgesetzt wird. (Böhm 1993: S. 280 f., Wolter 1997: S. 159, 176 f.)

3.2. Beispiel Albert Schweitzer

Das große Vorbild Albert Schweitzer, nach dem heute sogar ganzen Organisationen benannt sind (z.B. die Albert-Schweitzer-Schule, Schulen mit besonderer pädagogischer Prägung), hat zahlreiche Bücher über sein Leben und Denken und insbesondere auch über seine Helfertätigkeit in Afrika verfasst. Einige themenbezogene, ausgewählte Schriften sollen nachfolgend unter dem Gesichtspunkt der Aufgabenstellung dieses Buches untersucht werden. Dabei kann nicht ausgeschlossen werden, dass an dem auf den ersten Blick makellos erscheinenden Bild dieser Persönlichkeit Kratzer zurückbleiben.

3.2.1. Kurzer Lebensabriss

Albert Schweitzer wurde am 14. Januar 1875 als zweites Kind des Pfarrverwesers Ludwig

Schweitzer und der Pfarrerstochter Adele Schweitzer, geborene Schillinger in Kaysersberg/Oberelsaß geboren. (Albert Schweitzer 1995a: S. 229, 11)

Bereits in frühester Kindheit beschäftigte er sich mit der Orgel. Diese Leidenschaft hatte er von seinem Großvater geerbt. Er machte rasche Lernfortschritte und vertrat im Alter von neun Jahren das erste Mal den Organisten in der Kirche seines Vaters. Über die Jahre vertiefte er seine Kenntnisse im Orgelspiel und dem Orgelbau. (Albert Schweitzer 1995a: S. 11 f., Albert Schweitzer 1987: S. 16, 62)

Er besuchte das Gymnasium in Mühlhausen/Oberelsaß, das er im Juni 1893 mit bestandener Abgangsprüfung verließ, um im Oktober des gleichen Jahres ein Studium der Theologie und Philosophie an der Universität Straßburg aufzunehmen. (Albert Schweitzer 1995a: S. 229, 14, 18)

Im Jahre 1896 legte Schweitzer den Grundstein für sein späteres Wirken als Helfer in Äquatorialafrika, indem er in den Pfingstferien das Gelöbnis ablegte, mit seinem dreißigsten Lebensjahr ein „unmittelbar menschliches Dienen“ zu leisten. (Albert Schweitzer 1995a: S. 229)

Im Mai 1898 legte er die erste theologische Prüfung ab und setzte ab Oktober seine Studien an der Pariser Sorbonne fort. Gleichzeitig vervollkommnete er seine Orgelspielkünste bei dem Pariser Orgelmeister Charles Marie Widor, der ansonsten nur die Angehörigen der Orgelklasse des

Konservatoriums unterrichtete. (Albert Schweitzer 1995a: S. 229, 20, 22 f., 13)

Nach seiner Rückkehr nach Straßburg im März des Jahres 1899 promovierte Schweitzer bereits im Juli zum Dr.phil., um dann ab Dezember eine Stelle als Lehrvikar an der Kirche St. Nicolai in Straßburg anzunehmen. (Albert Schweitzer 1995a: S. 229, 29 f.)

Seine Akademische Laufbahn vollzog sich weiter Schlag auf Schlag, indem er im Juli 1900 seine zweite theologische Prüfung absolvierte, nur wenige Tage später zum Lizentiaten (Dr.theol.) promovierte und bereits 2 Jahre später im März 1902 an der Universität Straßburg als Privatdozent habilitierte. (Albert Schweitzer 1995a: S. 229, 35 f.)

Neben dieser Tätigkeit als Privatdozent nahm er gleichzeitig in den Jahren 1903 – 1906 die Position des Direktors des Thomasstifts

(Collegium Wilhelmitanum) in Straßburg wahr. (Albert Schweitzer 1995a: S. 229)

Schweitzer übernahm das Amt als Organist des Bachchors zu St. Wilhelm, was eine eingehende theoretische und praktische Beschäftigung mit Bach mit sich brachte (Albert Schweitzer 1995a: S. 59). Er verfasste viele Studien und Bücher über Bach und im Herbst 1905 erstmals über den Orgelbau (Albert Schweitzer 1995a: S. 67).

Im Oktober 1905, also im Alter von dreißig Jahren, so wie er es 1896 gelobt hatte, gab er seinen Entschluss, Tropenarzt zu werden, seinen Freunden und Verwandten bekannt. Er nahm das Medizinstudium noch im gleichen Jahre auf, das bis ins Jahr 1912 andauerte, worauf ein ärztliches Praktikum als Volontär und ein tropenmedizinischer

Kurs folgten. (Albert Schweitzer 1995a: S. 229, 78)

Am 18. Juli 1912 heiratete er seine Frau Helene Breßlau, die ihn im März 1913 bei der Ausreise nach Lambarene (Gabun, Afrika) begleitete, nachdem er noch im Februar des gleichen Jahres seine Promotion zum Dr.med. vollendet hatte. (Albert Schweitzer 1995a: S. 229, 101, Albert Schweitzer 1995b: S. 10)

Der erste Aufenthalt in Lambarene dauerte bis 1917 und diente der Errichtung eines Tropenkrankenhauses auf dem Gelände der Pariser evangelischen Missionsstation (Albert Schweitzer 1995b: S. 10). Da mittlerweile der 1. Weltkrieg ausgebrochen war und sich Albert Schweitzer als deutscher Staatsbürger auf französischem Staatsgebiet befand, wurde er zwangsweise nach Frankreich verbracht und in Lager in Bordeaux, Garaison (Pyrenäen) und Saint Rémy (Provence) interniert. Erst im Juli 1918 durften er und seine Frau über die Schweiz in die Heimat nach Günsbach zurückkehren. Eine schwere Erkrankung aufgrund der Internierung und drückende Schulden, die durch seinen Aufenthalt in Lambarene und die Entwertung seiner Ersparnisse durch die Kriegswirren entstanden waren, machten ihm sehr zu schaffen (Albert Schweitzer 1987: S. 54 ff.). Er nahm eine Tätigkeit als Vikar an der Kirche St. Nicolai und gleichzeitig als Assistenzarzt am Bürgerspital in Straßburg an. Durch spätere europaweite Vorlesungen und Vorträge, u.a. auch zu seiner Arbeit in Lambarene, sowie Orgelkonzerte verdiente er recht schnell genug Geld, um seine Schulden begleichen zu können. Am 14. Januar 1919 gebar Helene Schweitzer ihrem Mann eine Tochter, die sie Rhena nannten. (Albert

Schweitzer 1995a: S. 230, 143 ff., 153 ff., 156 f., 162, 170, Albert Schweitzer 1987: S. 60)

Der zweite Aufenthalt in Lambarene fand zwischen 1924 und 1927 statt, an dem jedoch Helene Schweitzer aus gesundheitlichen Gründen nicht teilnehmen konnte. Das Krankenhaus war inzwischen so verfallen, dass es wiederaufgebaut werden musste. Denn ohne Schweitzer fand während dessen Abwesenheit weder ein Betrieb noch ein Erhalt des Krankenhauses statt. (Albert Schweitzer 1995a: S. 230, 177, Albert Schweitzer 1987: S. 57, 74)

Mit der Zeit stieg die Zahl der Kranken, die die Hilfe von Albert Schweitzer in Anspruch nahmen, dermaßen an, dass ein neues, größeres Tropenkrankenhaus auf einem eigenen Gelände einige Kilometer oberhalb der Missionsstation erbaut werden musste (Albert Schweitzer 1987: S. 86, 90 f., 94). Es konnte im Januar 1927 bezogen werden (Albert Schweitzer 1995a: S. 182, Albert Schweitzer 1987: S. 94). An diesen Aufenthalt schlossen sich wiederum europaweite Vorträge und Orgelkonzerte in Deutschland an. 1928 wurde Schweitzer für seine Verdienste der Goethepreis der Stadt Frankfurt/Main verliehen. (Albert Schweitzer 1995a: S. 230, 212, Albert Schweitzer 1987: S. 98, 100)

Es folgten weitere Hilfseinsätze in Lambarene in den Jahren 1929 - 1932, 1933 - 1934, 1935, 1937 - 1939, 1939 - 1948, 1949 - 1951, 1952, 1954, 1955, 1957 und 1959. Zwischen den Einsätzen verdiente sich Schweitzer das Geld für seinen Lebensunterhalt sowie seine Hilfstätigkeit durch Vorträge, Orgelkonzerte und diverse Buchveröffentlichungen über Philosophie,

Orgelbau sowie Orgelspiel und dergleichen. (Albert Schweitzer 1995a: S. 230 f., 217 f.)

Die Arbeit Albert Schweitzers wurde durch zahlreiche Auszeichnungen geehrt: erster Ehrendoktorgrad der Theologischen Fakultät Zürich (1920), dem noch viele weitere Ehrendoktorgrade anderer Universitäten folgten, der bereits erwähnte Goethepreis (1928), der Friedenspreis des Deutschen Buchhandels (1951), die „Paracelsus-Medaille" der deutschen Ärzteschaft (1952), der Friedensnobelpreis für das Jahr 1952 (1953) und viele Auszeichnungen mehr. (Albert Schweitzer 1995a: S. 230 f., 212, 214 f., Albert Schweitzer 1987: S. 98)

Insbesondere in den letzten Jahren seines Wirkens setzte er sich für den Erhalt des Friedens und die Ächtung der Wasserstoffbombe, der sonstigen Atomwaffen und der Einstellung der Kernwaffenversuche ein. (Albert Schweitzer 1995a: S. 230 f., 225 f., Albert Schweitzer 1987: S. 220, 245, 259, 266 ff., 280, 282 f., 293, 310 f., 319, 326 f., 334)

Nach dem Tod von Helene Schweitzer-Breßlau in Zürich im Jahre 1957 wurde ihre Urne im Jahre 1958 in Lambarene beigesetzt. Albert Schweitzer verstarb im Alter von 90 Jahren am 4. September 1965 an seiner Wirkungsstätte in Afrika. (Albert Schweitzer 1995a: S. 230, 211, 220, 228)

3.2.2. Der Helfer Albert Schweitzer

Schon in seiner Studentenzeit fand es Albert Schweitzer unfassbar, dass so viele Menschen um ihn herum mit Leid und Sorge rangen, sowie materielle und gesundheitliche Probleme hatten, während er ein glückliches Leben führen, studieren und in Kunst und

Wissenschaft etwas leisten durfte. Er kam außerdem aus einem glücklichen Elternhaus, wovon andere nur träumen konnten. Dabei entwickelte sich bei ihm immer mehr der Gedanke, dass man dieses Glück nicht als selbstverständlich hinnehmen dürfe, sondern etwas dafür als Gegenleistung geben müsse. Daraus ergab sich dann auch das bereits genannte Gelöbnis in den Pfingstferien 1896, mit dem dreißigsten Lebensjahr sein Leben einem „unmittelbaren menschlichen Dienen" zu widmen und seine eigene Karriere in Wissenschaft und Kunst zu beenden. Wie dieses Dienen aussehen sollte, war ihm zu Anfang noch nicht klar. Es lag nahe, dass er zuerst an eine Helfertätigkeit in Europa dachte, wo es schließlich genug Elend und Missstände gab. So war es seine erste Idee, sich um verlassene und verwahrloste Kinder zu kümmern. Die festgefahrenen verwaltungstechnischen und verbeamteten Strukturen der Fürsorgeorganisationen und

Waisenhäuser ließen jedoch die Hilfe von Freiwilligen überhaupt nicht zu und so wurden alle seine Hilfsangebote äußerst widerwillig zur Kenntnis genommen und in der Konsequenz abgelehnt. Die zweite Hilfsidee drehte sich darum, Obdachlose und entlassene Strafgefangene bei ihrer Wiedereingliederung in die Gesellschaft zu unterstützen. Die Durchführung erwies sich in der Praxis als sehr schwierig, da die Hilfsangebote von den Betroffenen selbst nicht so ohne Weiteres angenommen wurden. Schweitzer sah außerdem ein, dass sich die Hilfe in diesem Bereich nur in Zusammenarbeit mit einer Organisation sinnvoll gestalten lassen konnte, was ihm jedoch nicht zusagte. Er wollte eine Tätigkeit finden, der er sich als Einzelner und vor allem Freier (ohne jegliche Bindungen und Abhängigkeiten) widmen konnte. Durch Zufall kam er dann durch eine Informationsschrift der Pariser evangelischen Missionsgesellschaft auf den Einfall, sich als Arzt, welche dringend in Äquatorialafrika gesucht wurden, für den Einsatz in Gabun anzubieten. Dort würde er die Bedingungen vorfinden, die er sich für seine Tätigkeit wünschte. (Albert Schweitzer 1995a: S. 78 ff.)

Er entschloss sich als Arzt, einen Beruf, den er erst noch durch ein zweites Studium erlernen musste, seine Hilfstätigkeit aufzunehmen, da er so unmittelbar menschliches Leid lindern konnte, was ihm als predigender Missionar nicht möglich gewesen wäre. Er wollte mehr bewirken, als nur einfach Reden und Predigen. Auf das Halten von Vorlesungen und das Predigen zu verzichten, war ihm nicht leichtgefallen. Aber er war bereit dazu, dies alles aus „Pflicht“ zu opfern. (Albert Schweitzer 1995a: S. 86, 101)

Albert Schweitzer sah es als humanitäre Verpflichtung der Europäer an, sich um das Elend anderer Menschen in der Ferne zu kümmern. Während die Europäer ihren unermesslichen Reichtum als etwas Selbstverständliches hinnähmen, würde draußen in den Kolonien das verarmte schwarze Volk der Krankheit und dem Schmerz schutzlos unterworfen sein. Unsere Gesellschaft müsse dabei ihre humanitäre Aufgabe erkennen und entsprechend handeln. Dabei handele es sich insbesondere um die Verpflichtung als Kulturmenschheit gegenüber den farbigen Menschen (!). (Albert Schweitzer 1995b: S. 9 f.)

Außerdem berief er sich auf die Barmherzigkeit, die Jesus und die Religion befehlen und es uns allen daher zur unabweislichen Pflicht machten, Hilfsbedürftigen zur Seite zu stehen. (Albert Schweitzer 1995b: S. 147, Albert Schweitzer 1987: S. 27, 41)

Schweitzer wollte seine Verpflichtung zur Hilfeleistung ganz persönlich vor Ort leisten, wobei er sich Afrika aussuchte, da ihm die Not dort am größten erschien. Der Aufbau des Krankenhauses 1913 geschah zwar auf dem Gelände der Pariser evangelischen Missionsgesellschaft in Lambarene, wurde jedoch in erster Linie durch Gelder von Schweitzer selbst sowie edlen Spendern aus seinem Freundes- und Bekanntenkreis finanziert. (Albert Schweitzer 1995b: S. 10, Albert Schweitzer 1995a: S. 102 f.)

Bereits auf der langen und beschwerlichen Reise nach Äquatorialafrika wurden die Schweitzers von mitreisenden Kolonialbeamten und Soldaten auf ihr Reiseziel und die dort anzutreffende Bevölkerung vorbereitet. Ein Leutnant der Kolonialtruppen sah insbesondere durch den sich unter den *Negern* ausbereitenden Mohammedanismus eine große Gefahr für Afrika, da der *mohammedanische Neger zu nichts mehr zu gebrauchen sei.* Der Islam wurde also als kontraproduktiv für einen Fortschritt in kultureller und wirtschaftlicher Hinsicht angesehen. (Albert Schweitzer 1995b: S. 20)

Albert Schweitzer betrat in Dakar in der Senegalkolonie das erste Mal afrikanischen Boden und wurde alsbald mit Negern konfrontiert, die ihre Zugtiere (Pferde und Maultiere) einer schrecklichen Tierquälerei auf den schlechten und abschüssigen Straßen der Stadt unterzogen. Sie schrien und schlugen auf die armen Tiere ein, was Schweitzer so nicht dulden konnte. Er befahl ihnen abzusteigen und selbst den Karren weiter zu bewegen. Dabei schien es ihn mit Genugtuung zu erfüllen, dass sie nicht widersprachen und sofort „gehorchten“, wie er in seinem Buch formulierte. (Albert Schweitzer 1995b: S. 21 f.)

Mit Befremden muss der Leser zur Kenntnis nehmen, in welcher Art und Weise Schweitzer als „Gast“ in einem fremden Land mit der dortigen einheimischen Bevölkerung schon während des ersten Kontaktes umging. Er erteilte Befehle und sprach von „Gehorsam“. Dies lässt eine angebrachte Bescheidenheit vermissen, auch dann, wenn die Behandlung der Tiere für <u>ihn persönlich</u> als unangebracht erschien.

Eine gewisse Nachdenklichkeit ließ bei Schweitzer dann ein Angestellter eines großen Handelshauses aufkommen, der die Frage aufwarf, ob das Übel der Einführung des verderblichen Schnapses und bisher unbekannter Krankheiten bei den Negern durch die Gabe an Gütern durch die

Kolonialherren aufgewogen werde. (Albert Schweitzer 1995b: S. 23)

Diese Nachdenklichkeit wurde später durch die gemachten Erfahrungen für Schweitzer zur Gewissheit. Ihm wurde klar, dass die Europäer für so manches Elend in Afrika verantwortlich seien und den Afrikanern viel Ungerechtigkeit und Grausamkeit zu teil werden ließen. (Albert Schweitzer 1995b: S. 147)

Als die Reise auf den Flüssen fortgesetzt wurde, erfuhr Albert Schweitzer auch von anderer Seite, dass die Einführung des Schnapses verheerende Auswirkungen auf die einheimische Bevölkerung habe. Der Schnaps, in den das meiste Geld, das durch den Holzhandel ins Land gekommen sei, umgesetzt werde, sei der Feind aller Kulturarbeit, so ein mitreisender Kaufmann. Aufgrund dieses Umstandes erklären sich auch die verlassenen und zerfallenen Hütten an den Ufern der Flüsse, die noch vor Jahren blühende Dörfer gewesen waren. Der Schnaps wurde auf der anderen Seite aber auch nicht verboten, da er ein guter Zollartikel war, der einen erheblichen Eingangszoll einbrachte und damit eine der größten Einnahmenquellen für die Kolonie darstellte. (Albert Schweitzer 1995b: S. 28, 110, Albert Schweitzer 1995a: S. 168)

Als verderblich stellte sich später auch der aus Amerika eingeführte Tabak heraus, den die Einheimischen im Übermaß genossen und so oftmals an Nikotinvergiftungen litten. Hierbei traf es in erster Linie die Frauen, die oftmals an Schlaflosigkeit litten und so die ganze Nacht hindurch rauchten, um sich zu betäuben. (Albert Schweitzer 1995b: S. 52 f.)

Durch die Europäer und den durch sie entstehenden Verkehr und Handel quer durch Afrika wurden neue Krankheiten eingeschleppt sowie vorhandene, wie z.B. die zuvor begrenzt auftretende Schlafkrankheit, verbreitet. (Albert Schweitzer 1995b: S. 73, Albert Schweitzer 1995a: S. 168)

In Lambarene auf der Missionsstation angekommen, begann die Aufbauarbeit des Tropenkrankenhauses. Durch das Nichterscheinen einer mehrfach angekündigten, einheimischen Hilfskraft wurde die Geduld des weißen Doktors über Monate auf die Probe gestellt. Dies wurde durch einen Missionar der Station mit der üblichen „Unzuverlässigkeit der Schwarzen" erklärt, an die man sich gewöhnen müsse. (Albert Schweitzer 1995b: S. 32)

Bestärkt wurde Schweitzer in dieser Erkenntnis noch durch den Umstand, dass trotz Buchführung und Anmahnung geliehene Gegenstände, wie z.B. Flaschen und Blechschachteln zur Aufbewahrung von Medikamenten sowie wiederverwertbares

Verbandsmaterial, nur in etwa der Hälfte der Fälle zu ihm zurückgebracht wurden. (Albert Schweitzer 1995b: S. 36)

Als der Bau des Krankenhauses in Angriff genommen werden sollte, gelang es der Mission nur mit Mühe und Not, fünf einheimische Arbeiter dafür zu gewinnen, die (laut Albert Schweitzer) an Faulheit Großartiges leisteten. Anderweitig beschaffte Ersatzleute setzten nach getaner Arbeit ihren Lohn in den bereits erwähnten verderblichen Schnaps um, wonach sie zu nichts mehr zu gebrauchen waren. Grundsätzlich mussten die Einheimischen bei der Arbeit immer überwacht werden, da ansonsten nichts geleistet wurde. Die Arbeitsweise war in der Regel primitiv, was daraus resultierte, dass man nur „primitive" Menschen zum Arbeiten habe, so Schweitzer. (Albert Schweitzer 1995b: S. 44 f., 72, 87)

Zudem verfüge der Neger über eine unglaubliche Erfindungsgabe, um beispielsweise beim Holzhandel zu betrügen, wovor jeder Neuling nur zu warnen sei. (Albert Schweitzer 1995b: S. 91)

Diese Schilderungen Schweitzers lassen kein gutes Licht auf seine Einstellung gegenüber der schwarzen Bevölkerung fallen. Er schreibt ihnen negative Eigenschaften, wie Unzuverlässigkeit, Faulheit, Primitivität, einen Hang zum Stehlen, Verschwendertum und Unehrlichkeit bis hin zur betrügerischen Absicht, zu. Dies alles erfolgt ganz unreflektiert aus der Sichtweise eines Europäers, ohne auch nur ansatzweise die fremde Kultur, deren Eigenheiten verstehen und die möglichen Ursachen für gewisse Handlungsweisen ergründen zu wollen. Schließlich sind es ja die Kolonialherren, die in das fremde Land eingefallen sind und sich unrechtmäßig auf Kosten der Einheimischen bereichern, diese und das Land ausbeuten.

Neben der zu erduldenden Unzuverlässigkeit der Schwarzen gehöre es außerdem zur Selbsterhaltung, so die Missionare, dass die Schwarzen die Wohnräume der Weißen so wenig als möglich betreten sollten. (Albert Schweitzer 1995b: S. 34)

Die Hausangestellten mussten während ihrer Arbeit im Hause durch Helene Schweitzer beaufsichtigt werden, um sie auf gar keinen Fall in Versuchung zu führen, da selbst die besten unter ihnen dieser ansonsten erlägen wären. Vorräte wurden täglich entsprechend zugeteilt und Schränke, die die „Unehrlichkeit" hätten hervorrufen können, wurden abgeschlossen. Dies fassten die Dienstboten jedoch keineswegs als Beleidigung auf. Vielmehr achteten sie selbst auf die penible Einhaltung dieser Vorsichtsmaßnahmen, um bei einem eventuellen Diebstahl gar nicht erst in

Verdacht zu geraten. Im Übrigen vertraten die Schwarzen die Auffassung, dass bei Nichtbeachtung der Vorsichtsmaßregeln man guten Gewissens stehlen dürfe, da in diesem Fall der „unordentliche“ Mensch, der dies zu verantworten habe, selbst schuld sei und man ihm alles nehmen dürfe, wie ein Gehilfe einmal Albert Schweitzer auf dessen Nachfrage erläuterte. Dabei war es oftmals den Dieben offensichtlich völlig egal, was sie stahlen und ob dies für sie überhaupt von Nutzen war. Dies kann daraus abgeleitet werden, dass Schweitzer in einem Land, wo kaum jemand vernünftig Lesen und Schreiben konnte aus dessen Bücherschaft der Klavierauszug der Meistersinger von Wagner und das Exemplar Matthäuspassion von Bach entwendet wurden. Die damit verbundene Unsicherheit und der ständige Zwang zur Vorsicht und Aufmerksamkeit machten ihm sehr zu schaffen. Aber das gewohnheitsmäßige Lügen und der Hang zum

Stehlen gehören nun einmal zu den Eigenschaften der Einheimischen. (Albert Schweitzer 1995b: S. 60 f., 136)

Trotz widrigster Umstände, wie z.B. fehlender Medikamente, war Albert Schweitzer immer wieder mit großer Freude erfüllt, wenn er mit seinen bescheidenen Mitteln den Einheimischen helfen und deren Leid verringern konnte (Albert Schweitzer 1995b: S. 39)

Besondere Probleme bereiteten in Afrika die Geisteskrankheiten. Zwar gäbe es laut Schweitzer dort relativ viel weniger von ihnen als in Europa, aber umso schrecklicher sei das Los dieser Armen. Die anderen Eingeborenen wüssten sich ihrer nicht zu erwehren, da ein Einsperren in den Bambushütten aufgrund deren leichter Bauweise nicht effektiv wäre und ein einfaches Festbinden der Kranken diese nur noch aggressiver machten. Also sähe man in der Regel zu, dass man sich dieser Kranken entledigte, auf welche Art und Weise auch immer. (Albert Schweitzer 1995b: S. 46)

Als Albert Schweitzer den „Geisterglauben" der einheimischen Bevölkerung verbunden mit entsprechenden Ritualen und die sogenannten „Fetischmänner", die auf deren Einhaltung achteten und Verstöße mit Giftanschlägen bestraften, kennenlernte, erklärte er es geradezu zur Menschenpflicht, den *primitiven* Völkern eine neue Weltanschauung zu bringen, um sie von dem quälenden Wahne und der ständigen Angst zu befreien. (Albert Schweitzer 1995b: S. 49)

Damals hielten sich auch hartnäckige Gerüchte, dass es noch immer Menschenfresserei unter den Eingeborenen, insbesondere bei den Pahouins, gäbe. Schweitzer, dem zahlreiche entsprechende Geschichten berichtet wurden, schien daran zu glauben, da es zweifellos problemlos in sein Bild von den unzivilisierten Wilden eines primitiven Naturvolkes passte, denen die kolonialen Kulturmenschen erst eine entsprechende „Erziehung" angedeihen lassen müssten. (Albert Schweitzer 1995b: S. 65)

Mit einer gewissen Hochachtung berichtet Schweitzer von dem ausgeprägten Gerechtigkeitssinn des *Negers*, der in der Juristerei sehr bewandert sei. So sei z.B. jemand, der einen anderen zum Fischen gehen aufforderte für diesen verantwortlich und haftbar. Würde dem anderen beim Fischen nun etwas zustoßen, so können dessen Angehörige Vergeltung üben. Der Verantwortliche müsse dann in Form von Geld oder anderen Wertgegenständen

„Schadenersatz“ leisten oder im Extremfall gar mit seinem Leben bezahlen. Schweitzer hat in der Praxis einen derartigen Fall selbst erlebt. Dabei sei es für den *Neger* eine undenkbare Vorstellung, dass eine Tat ungesühnt bleibe. Der juristische Gesichtspunkt wäre also immer eine wichtige Seite jeder Angelegenheit und nähme daher immer sehr viel Zeit in Anspruch. Dabei dürfe dies nicht als Prozessiersucht ausgelegt werden, sondern entspräche vielmehr dem ungebrochenen Gerechtigkeitssinn. Jeder Streitfall werde gerichtlich in einem sogenannten „Palaver“ ausgetragen und solange ausdiskutiert, bis man zu einer Lösung komme. Die Strafe werde vom Täter als etwas Selbstverständliches hingenommen, auch wenn sie für europäische Begriffe als zu hoch anzusehen sei. Eine Nichtbestrafung würde als Törichtheit des Geschädigten angesehen. Als besonderen Zug an diesen „primitiven“ Menschen sah Albert Schweitzer zu beachten, dass der Schuldige seine Schuld und damit seine Verurteilung nur dann anerkennen würde, wenn er zweifelsfrei überführt sei. Ansonsten leugne er entrüstet bis zuletzt seine Schuld und bezeichne die Verurteilung als ungerecht, obwohl er ja eigentlich wirklich schuldig sei. (Albert Schweitzer 1995b: S. 68 ff.)

Eine weitere negative Eigenschaft der Neger sei, laut Schweitzer, deren Verschwendungssucht und die mangelnde Fähigkeit, einen Teil des Einkommens zu sparen. Z.B. im Holzgeschäft verdientes Einkommen werde sofort nach Erhalt in Tabak, Schnaps und Waren aller Art in der nächsten Faktorei umgesetzt. Schon nach wenigen Monaten sei alles ohne Sinn und Verstand verprasst worden. (Albert Schweitzer 1995b: S. 71, 98, 109)

Wie selbstverständlich überträgt er europäische Verhaltensmuster (hier: die Spartätigkeit und damit Zukunftsplanung) auf die afrikanische Gesellschaft. Dabei kommt ihm nicht der Gedanke, dass in anderen Kulturen evtl. das „hier und jetzt“ das Maßgebliche sein und eine potentielle Zukunft als nicht existent angesehen werden könnte. Für ihn würde eine solche Einstellung nur die Gedankenlosigkeit und Planungsunfähigkeit (zumindest für die Zukunft) darstellen, wie sie eben primitiven Naturvölkern zu Eigen wären. Andere Lebensweisen und Einstellungen zu akzeptieren und zu respektieren bedeutet Toleranz üben, was Albert Schweitzer in so manchem Punkt, trotz aller guten Absichten natürlich, abgesprochen werden muss. Dafür kann man ihm jedoch nicht die Schuld geben, da auch er letztendlich nur ein Produkt seiner Sozialisation mit entsprechenden kulturellen Prägungen war, deren Auswirkungen man sich offensichtlich trotz verstandesgemäßer Prozesse nicht vollständig entziehen kann.

Albert Schweitzer sprach ebenso das Problem der Einführung der Arbeitsgesellschaft nach europäischem Vorbild in Afrika an. Erst nach einiger Zeit wurde ihm einsichtig, dass die Schwarzen sehr wohl arbeiten konnten und nicht unbedingt faul seien. Vielmehr läge das Problem grundsätzlich in der Natur der primitiven Völker, die nur so viel arbeiteten, wie die Umstände es verlangten. Das *Naturkind* sei also Gelegenheitsarbeiter, was die Aufrechterhaltung eines geordneten Betriebes (zumindest nach europäischen Vorbild) unmöglich mache. Der Neger sei also nicht faul, sondern vielmehr ein „Freier“, der keinen Zwängen unterläge. Man habe sie nicht in der Hand, da sie auf den Verdienst bei weißen Herren nicht angewiesen seien. Die Natur liefere bei geringster Arbeit dem

Eingeborenen alles, was er brauche. Rohstoffe zum Hüttenbau und Nahrung aus Anpflanzungen und Jagd. Die Annahme einer bezahlten Arbeitsstelle sei also erst mit Beginn der Kolonialzeit möglich und durch die Erhebung von Steuern und anderen Abgaben sowie die Einfuhr von Konsumgütern erst erforderlich gewesen. Dabei wird immer nur so viel gearbeitet, bis der jeweils vorhandene Bedarf an Geld gedeckt sei. Ist der gewünschte Zweck erfüllt, werde die Arbeit wieder aufgegeben. Dies bringt natürlich einen erheblichen Konflikt mit sich. Auf der einen Seite stehen die Kolonialherren, die das Land und dessen Reichtümer ausbeuten wollen und auf der anderen Seite stehen die Afrikaner, die dazu als Arbeitskräfte benötigt werden, daran jedoch wenig Interesse haben. Das wirft nun die Frage auf, wie man sie zum Arbeiten erziehen oder zwingen könne. Die bereits erwähnten Steuern und die Einfuhr von

Konsumgütern brachten nur einen mäßigen Erfolg. Produkte, wie Schnaps und Tabak, brachten außerdem neue negative Begleiterscheinungen mit sich. Für die „Erziehung“ zur Arbeit waren alle diese Maßnahmen wenig förderlich. Nach Schweitzers Einschätzung seien die Neger dadurch lediglich geldgierig und genusssüchtig geworden, aber nicht zuverlässiger oder gewissenhafter. Immer noch gelte für sie der Grundsatz, das benötigte Geld mit einem Mindestmaß an Arbeit zu erlangen. Dabei gaben die Eingeborenen den Aufsehern, die ihre Aufgabe nicht wahrnahmen, die Schuld daran, dass sie so wenig leisten würden. Denn nur unter Aufsicht seien sie zur Leistung fähig. Ein weiterer Versuch, die Schwarzen zur Arbeit zu bekehren und sie von *Freien* zu *Unfreien* zu machen, indem sie von ihren Heimatdörfern abgeschnitten und in weit entfernte Wirkungskreise verbracht wurden, schlug ebenso fehl. Nicht nur, dass sie die ungewohnte Kost nicht vertrugen und körperlich darunter litten, sondern ihnen fehle laut Schweitzer in der Fremde der moralische Halt der Familie und der Sippe. Ansammlungen von familienlosen *Negern* seien daher Brutstätten der Demoralisation, was nicht nur der Arbeitskraft abträglich sei. (Albert Schweitzer 1995b: S. 99 ff.)

Das grundsätzliche Problem in primitiven und halbprimitiven Gesellschaften sei der nicht vorhandene Fortschrittswille und das Ideal des einfachsten und wenigst beschwerlichen Lebens. Dies beruhe auf der noch nicht voll ausgebildeten Kultur. Denn erst durch den materiellen Fortschrittswillen, der mit dem ethischen im Bunde stehe, werde die neuzeitliche Kultur begründet. (Albert Schweitzer 1995a: S. 133, 135)

Albert Schweitzer bedauerte es, dass sich die Interessen der Kultur (Zivilisierung und Entwicklung der Wilden) und der Kolonisation (wirtschaftliche Ausbeutung durch die Kolonialherren) nicht deckten und es daher sein könne, dass die wirtschaftliche Kolonisation auf Kosten der Kultur und des Bestandes an Menschen gehe. Er gab offen zu, dass er grundsätzlich den Arbeitszwang nicht für prinzipiell falsch halte, dieser jedoch praktisch undurchführbar sei. Ohne Arbeitszwang „im Kleinen“ komme man jedoch in der Kolonie nicht aus. Hier ist die offensichtlich internalisierte wirtschaftliche Denkweise des Europäers erkennbar, der die Kolonisation und deren Ausgestaltung unter rein wirtschaftlichen Aspekten betrachtet. Denn schließlich sollen sich die „getätigten Investitionen“ entsprechend rentieren und Erträge abwerfen. Das dafür die einheimische Bevölkerung bluten muss, wird dabei nicht beachtet oder ist lediglich zweitrangig.

Schweitzer warnte nur vor der Gefahr, dass sich der Arbeitszwang unter der Hand zu einer Art Sklaverei entwickeln könnte. Aber ist Arbeitszwang nicht immer Sklaverei? (Albert Schweitzer 1995b: S. 104 ff.)

Die persönlichen Freiheitsrechte der Einheimischen wurden in ihrem eigenen Land aber noch weiter eingeschränkt, indem sie im Interesse der Kolonisation ihre Dörfer nicht eigenmächtig verlegen durften bzw. die Verlegung von den Kolonialherren aus wirtschaftlichen Gesichtspunkten befohlen wurde. Schweitzer bedauerte dies, sah aber die Notwendigkeit (im Interesse der Kolonisation!) ein. (Albert Schweitzer 1995b: S. 108)

Schweitzer beschäftigte sich mit der grundsätzlichen Frage, ob wir Weißen das

Recht hätten, primitive und halbprimitive Völker zu beherrschen. Er meinte nein, wenn es nur darum ginge, sie zu beherrschen und materiell auszubeuten. Es wäre aber legitim, wenn es in der Absicht geschähe, sie zu „erziehen“ und zu Wohlstand gelangen zu lassen. Dies sei erforderlich, da man sie nicht von dem sich ausbreitenden Welthandel ausschließen könne. Selbst der Imperialismus habe seinen ethischen Wert, indem er dem Sklavenhandel und den ständigen kriegerischen Auseinandersetzungen der primitiven Stämme ein Ende bereitete. Wie die Praxis in der *Negerrepublik* Liberia gezeigt hätte, wären die Neger zur Selbstverwaltung unfähig und bedürfen daher zwangsläufig der „Hilfe“ durch die Kolonialherren. (Albert Schweitzer 1995a: S. 164 f.)

Schweitzer maßte sich und den Kolonialherren das Recht an, ein fremdes Volk zu „erziehen“. Dies stellt für mich einen ungeheuren und empörenden Gedanken dar.

Den Erziehungsanspruch dann auch noch mit der Pflicht der „Kulturmenschen" gegenüber den „Primitiven" zu begründen, zeigt die ganze Arroganz und mangelnde Toleranz gegenüber anderen Lebensweisen. Auch ist man den für die einheimische Bevölkerung versprochenen Wohlstand schuldig geblieben. Es ist eher das Gegenteil eingetreten, indem man durch die Zerstörung der Subsistenzwirtschaft die Lebensgrundlage der beherrschten Völker absichtlich zerstörte, um sie für koloniale Ziele (Einführung der Arbeitsgesellschaft) gefügig zu machen. Durch die Kolonisation wurde mit Sicherheit nicht der Frieden nach Afrika gebracht, was oftmals als weiteres positives Argument (so auch von Albert Schweitzer) angeführt wird. Denn gerade durch die Kolonisation und ihre Maßnahmen (z.B. willkürliche Grenzziehung unter Missachtung ethnischer Grenzen usw.) entstanden erst Konflikte, die noch bis in die heutige Zeit wirken (Bürgerkriege sind in Afrika quasi an der Tagesordnung).

In der schweren sozialen Frage der Polygamie bewies der Theologe Schweitzer umsichtige Toleranz, indem er diese nicht wie alle anderen Missionare streng verurteilte und nach gesetzlichen Maßnahmen der Regierung rief. Er erkannte, dass die afrikanische Gesellschaft noch nicht so organisiert sei, dass eine Frau ihren Lebensunterhalt durch selbständige Arbeit verdienen könne und somit auf die Verheiratung angewiesen sei, die wiederum derzeit nur durch die Polygamie gewährleistet sei. Zudem gäbe es bei den Naturvölkern keine unterversorgten Witwen und keine verlassenen Waisen, da der nächste Verwandte die Frau des Verstorbenen und dessen Kinder erben würde und diese somit versorgen müsse. Die Polygamie bei primitiven Völkern zu zerstören hieße gleichzeitig die gesamte soziale Struktur und den Aufbau der Gesellschaft ins Wanken zu bringen, ohne einen gleichwertigen Ersatz parat zu haben. Dies hielt Schweitzer für verantwortungslos, obwohl er die Monogamie als Ideal der Mission und Forderung des Christentums als berechtigt ansah. Auch könne der Kampf gegen die Unsittlichkeit nicht mit dem gegen die Polygamie gleichgesetzt werden. Schweitzer beschrieb das Verhältnis der Ehefrauen unter einander als gut. Sie waren in der Regel froh darüber, sich die häusliche Arbeit teilen zu können. (Albert Schweitzer 1995b: S. 112 f.)

Der Brautpreis sei nicht grundsätzlich verwerflich, sofern er der in Europa üblichen Mitgift entspräche. Zu bekämpfen sei jedoch die „Versteigerung" der Braut an den Meistbietenden, da hier das Glück und die Zuneigung zu kurz kämen. Hier müsse auf den Eingeborenen „erzieherisch" eingewirkt werden. (Albert Schweitzer 1995b: S. 114)

Der weiße Mann wird wieder einmal zur einzig wahren moralischen Instanz erhoben.

In der Beziehung von Weiß und Farbig hielt Schweitzer es für wichtig, den Eingeborenen zu zeigen, dass er die Menschenwürde in jedem Menschen achte und die Brüderlichkeit geistig vorhanden sei. Dies im Rahmen des täglichen Verkehrs anzuwenden sei jedoch eine Frage der Zweckmäßigkeit. Der Neger sei schließlich ein Kind (!), bei dem man ohne Autorität nichts auszurichten vermag. Freundlichkeit sei also immer mit Autorität zu verbinden. Dabei müsse der Weiße als „älterer Bruder" auftreten. Die Distanz aufzugeben hieße Einfluss und Macht zu verlieren, wie Schweitzer anhand eines praktischen Beispiels eines Missionars erfuhr, der diesen Grundsatz missachtete. Das „Wort des Weißen" gelte dann nichts mehr und er müsse mit den Negern diskutieren, als wäre er ihresgleichen. (Albert Schweitzer 1995b: S. 115 f.)

Ja warum sollten die Weißen eigentlich nicht tatsächlich mit den einheimischen „Gastgebern“ diskutieren? Was hätte eigentlich dagegengesprochen und störte somit Albert Schweitzer?

Schweitzer opferte seine (theoretischen) moralischen Prinzipien (Achtung der Menschenwürde und Brüderlichkeit) in der Praxis der Zweckmäßigkeit. Schließlich fiel es so auch leichter, die eigenen (bzw. kolonialen) Ziele zu verwirklichen. Die Moral blieb dabei auf der Strecke.

Die negativen Auswirkungen der Einflüsse der Kolonisation sind vielseitig und wirken manchmal indirekt sowie mittel- bis langfristig. So verlernten beispielsweise die Eingeborenen durch die Einführung der modernen Jagdgewehre ihre traditionelle Jagdweise. Als dann aufgrund der Angst vor Aufständen das Pulver nur noch begrenzt zugeteilt und lediglich die Ausgabe veralteter Steinschloßflinten vorgenommen wurde, nahm die Zahl der nun nicht mehr in dem üblichen Umfang gejagten Elefanten dermaßen zu, dass dadurch Hungersnöte entstanden, da die Elefanten die Anpflanzungen zur Nahrungsmittelerzeugung zerstörten. Die durch die Arbeitseinsätze im Holzgeschäft stark involvierten Eingeborenen hatten zu dem nicht mehr die für die Jagd notwendige Zeit. (Albert Schweitzer 1995b: S. 122)

Dies zeigt, wie schnell unüberlegte Eingriffe in fremde und andersartige Ökosysteme fatale Folgen haben können. Was hier bei uns gut und richtig ist, muss anderen Ortes noch lange nicht funktionieren.

Als weiteres soziales Problem waren durch die Einfuhr europäischer Produkte so manche einheimischen Handwerksbetriebe zugrunde gegangen und damit die handwerklichen Fertigkeiten in Vergessenheit geraten. Dies nahm Schweitzer mit Bedauern zur Kenntnis, da er im Aufkommen eines tüchtigen Handwerkerstandes den Weg zur Kultur sah. (Albert Schweitzer 1995b: S 110)

Auch an diesem Beispiel ist zu erkennen, dass die Kolonialherren nur an einem neuen Absatzmarkt für ihre Produkte interessiert waren und ihnen die negativen Auswirkungen auf die einheimische Wirtschaft der Kolonien egal waren.

Jeder Missionar solle eine gründliche Bildung besitzen, um in Afrika nicht geistig zugrunde zu gehen, um nicht zu „verniggern", wie es Schweitzer ausdrückte. Das „Verniggern" zeige sich insbesondere dadurch, dass man die großen Gesichtspunkte aus den Augen verliere, seine geistige Spannkraft einbüße und wie ein Neger anfange, sich mit den kleinen Dingen des Lebens unnötig aufzuhalten und diese auszudiskutieren. (Albert Schweitzer 1995b: S. 142)

Schweitzer sprach sich gegen eine weitgehende Schulbildung der Eingeborenen aus „primitiven" Völkern nach europäischem Vorbild aus, da sich hieraus ein weiteres Problem, nämlich das der Emanzipation, ergäbe. In erster Linie benötige man in Afrika qualifizierte Handwerker und Landwirte. Eine höhere Schulbildung sei da nur hinderlich, da sich die „Gebildeten" für manche Arbeiten zu schade seien und nicht mehr als „gewöhnliche" Neger behandelt werden möchten. Da aber nicht genügend „gehobene" Tätigkeiten vorhanden seien, säßen diese Leute als Nichtstuer und Räsoneure herum.

(Albert Schweitzer 1995b: S. 109, 136 f., Albert Schweitzer 1995a: S. 167, Albert Schweitzer 1987: S. 187)

Gegen Ende seines ersten Aufenthaltes in Lambarene kam Schweitzer zu der Erkenntnis, dass eine große Schuld auf den europäischen Kolonialherren und damit auf unserer Kultur laste. Daraus leite sich eine Verpflichtung zum Helfen ab, die nicht als „Wohltat", sondern vielmehr als „Sühne" anzusehen sei. Für jeden, der Leid verbreite, sei ein anderer zur Hilfeleistung verpflichtet, um so einen Ausgleich zu schaffen. Die Kolonialherren müssen daher ihre ungeheure humanitäre Verantwortung gegenüber den beherrschten Völkern begreifen und diese wahrnehmen. Dies sei Aufgabe der Gesellschaft und des Einzelnen. (Albert Schweitzer 1995b: S. 148)

Dies war für seine Zeit ein geradezu **revolutionärer Gedanke**.

4. Ethnozentrismus anhand eines Beispiele innerhalb Europas (Reisebericht von George Sand: "Ein Winter auf Mallorca")

Der Reisebericht von George Sand wurde als illustrierendes Beispiel ausgewählt, um zu zeigen, dass es auch innerhalb Europas ethnozentristische Tendenzen gab. Die französische Schriftstellerin berichtet unter dem Einfluss ihrer französischen Herkunft und der daraus folgenden kulturellen Prägung über die von ihr bereiste Insel Mallorca, die zum damaligen Zeitpunkt noch zu den abgelegeneren Orten der Welt gehörte und somit auch kulturell relativ unabhängig von den Einflüssen des Festlandes war.

4.1. Hintergrund französische Wirtschaftsgeschichte

Da George Sand in ihrem Buch die Errungenschaften der französischen Landwirtschaft und Handwerkskunst anpreist und gleichzeitig die mallorquinische zu deklassieren versucht, war an dieser Stelle eine Zustandsbeschreibung der französischen Wirtschaft um 1838 geplant, um die Unterschiede darzustellen und entsprechend bewerten zu können. Dies erwies sich jedoch im Rahmen der Literatursuche als äußerst schwierig. Zum einen mangels Existenz einer gewissen Auswahl entsprechender Literatur über die **Wirtschafts**geschichte Frankreichs für die Zeit von 1789 bis 1838 und zum anderen, weil die wenigen existenten Titel vergriffen waren. Damit kann der Inhalt dieses Kapitels der Überschrift nur ansatzweise gerecht werden.

Nachfolgend soll jedoch ein Zeitraum von ca. fünfzig Jahren (1789 bis 1838) vor Reiseantritt zumindest „allgemein“ geschichtlich beleuchtet werden, um den Bericht Sands und ihre dahinterstehende Denkweise einordnen zu können.

Der Zeitraum 1789 bis 1838 war eine Zeit des Umbruchs, der Revolutionen, Restaurationen, Hungerunruhen und kriegerischen Auseinandersetzungen für Frankreich. Die Erklärung der Menschen- und Bürgerrechte war ein entscheidender Umbruch in der politischen Landschaft mit erheblichen Auswirkungen für die Menschen. Die Revolution hatte insbesondere Folgen für die französische Gesellschaftsordnung. Die Realteilung zerstückelte das Land und erhöhte somit die Zahl der Kleinbauern, denen die Revolution damit Besitz brachte und garantierte. Der Adel wurde weitgehend entmachtet und konnte im 19. Jahrhundert seine wirtschaftliche Macht nur teilweise restaurieren, wobei der Wirkungskreis über die lokale Ebene nicht mehr hinausging. (Haupt 1994: S. 255 f.)

Die französische Revolution (1789 – 1794) begann am 14. Juli 1789 mit dem Sturm auf die Bastille, dem Symbol für die Willkür der königlichen Justiz, durch Kaufleute, Rentenbesitzer, Handwerksmeister und Gesellen. Es folgten die Abschaffung der Feudalrechte und die Erklärung der Menschen- und Bürgerrechte. Unter den Feudalrechten wurden in Frankreich in erster Linie die Rechte des Grundherrn, z.B. Jagd- und Weiderechte, verstanden. Die Menschen- und Bürgerrechte verbrieften unwiderrufliche Rechte für jedes menschliche Individuum, unabhängig von der gesellschaftlichen Herkunft. So wurden die persönliche Freiheit, die Gleichheit vor dem Recht, die Sicherheit des Besitzes und das Recht auf Widerstand gegen Unterdrückung garantiert. Der Klerus verlor seinen Anspruch auf den Zehnten, eine Abgabe, die vor 1789 an ihn geleistet werden musste und aus dem zehnten Teil des Ertrages/Einkommens bestand. Im Oktober des gleichen Jahres marschierte die Pariser Bevölkerung auf Versailles. Im November wurden die Kirchengüter enteignet, die später verkauft wurden, um so die Staatsschuld abzutragen. (Haupt 1994: S. 257 f., 261 f., Duden Lexikon Band 3 1996: S. 1110, Farbiges großes Volkslexikon Band 4 1981: S. 225)

Im März 1791 wurden die Zünfte durch das Gesetz Allard beseitigt, da sie dem Selbstverständnis der Verfassung widersprachen, das Zwischengewalten zwischen Einzelpersonen und dem Souverän (gewählte Abgeordnete) ablehnte. Im Juli des gleichen Jahres kam es auf dem Champ de Mars zu einem Massaker. Das Jahr 1792 war geprägt durch Agrarunruhen, den Beginn des 1. Koalitionskrieges, den Sturm der Tuilerien (Schloss in Paris, in dem sich der König aufhielt, der daraufhin in die Nationalversammlung floh), den Sturz der Monarchie und die Einberufung des Konvents. Es folgten, nach einem Massaker an mehr als 1.000 Gefangenen im Pariser Gefängnis durch eine blindwütige Menge aufgrund eines vermuteten Verrats und der dadurch begründeten militärischen Niederlage, die Abschaffung der Monarchie und der Beginn des Jahres I der Republik. Im November wurde Belgien besetzt. Als Folge der Abschaffung der Monarchie wurde am 21. Januar 1793 Ludwig XVI. hingerichtet. Das Land kam jedoch nicht zur Ruhe und erklärte im Februar England und Holland den Krieg.

(Haupt 1994: S. 257, 260 f., 264, Farbiges großes Volkslexikon Band 4 1981: S. 225)

Im Mai 1793 wurden Maximalpreise für Getreide und Mehl festgelegt, um so immer wieder aufflackernde Hungerunruhen einzudämmen. Bei Hungersnöten oder Bedrohung der Ernteerträge griffen die Bauern in der Vergangenheit oftmals zu den Waffen, so z.B. in den Bauernrevolten im Winter 1789, im Winter 1790/91, im Sommer 1791 und Frühjahr 1792. Dies sollte durch die Unterwerfung der Produktion und der Preise für Grundnahrungsmittel unter staatliche Kontrolle verhindert werden. Im September 1793 erfolgte ein weiterer Preis- und Lohnstopp durch ein Maximum-Gesetz. Dieses Mittel der Reglementierung wurde durch die 1793 eingerichteten Wohlfahrts- und Sicherheitsausschüsse angewendet, die außerdem die Konfiszierung des Besitzes verdächtiger und verhafteter Personen verfügten und für schnelle Verhaftung und Aburteilung Verdächtiger sorgten. Dazwischen wurde im August die allgemeine militärische Dienstpflicht eingeführt (Levée en masse). (Haupt 1994: S.258, 264 f., 266)

Am 04. Februar 1794 wurde in den französischen Kolonien die Sklaverei abgeschafft. (Haupt 1994: S. 258)

Zu den Errungenschaften der Revolution gehörten im wirtschaftlichen Bereich vor allen Dingen die Vereinfachung des Warenverkehrs und die Eröffnung der Zugangsmöglichkeiten zu allen öffentlichen Positionen ohne Ansehen des Standes. Die ständische Gesellschaft, in der mit der Herkunft und der Position gewisse Vorrechte verbunden waren, wandelte sich mit den revolutionären Rechten auf Freiheit und Gleichheit zu einer bürgerlichen Gesellschaft. Ständische Strukturen wurden zerschlagen und Stellungen in Armee und Verwaltung sozial geöffnet und allen Bürgern zugänglich gemacht. Außerdem wurde die Schaffung neuer Abgaben und Steuern an die Zustimmung der Nationalversammlung gebunden. Dies alles schuf Rahmenbedingungen, unter denen Handel und industrielle Geschäfte leichter und besser möglich waren, als unter dem Ancien Régime. (Haupt 1994: S. 262, 281)

Die französische Revolution war vor allem eine politische Revolution und darf keineswegs mit der Industrialisierung oder Kapitalisierung Frankreichs gleichgesetzt werden. Diese erfolgte erst einige Jahrzehnte später. Das wirtschaftliche Leben wurde zur Zeit der Revolution in erster Linie durch die Landwirtschaft bestimmt. Im gewerblichen

Bereich waren das Verlagssystem und das Handwerk wesentlich einflussreicher als Manufakturen oder Fabriken. Die neu entstandenen Freiheiten, das neu geschaffene Münz- und Zollsystem sowie die gemeinsame Währung und die Bank von Frankreich schufen Bedingungen, die den Boden für Gewinnstreben, Innovationen und damit letztendlich auch für die Industrialisierung zumindest vorbereitete. (Haupt 1994: S. 282)

Vor allem in den Jahren 1793 und 1794 setzte sich jedoch eine terroristische Mentalität unter den Revolutionären durch, die eigentlich nicht den erkämpften Grundprinzipien der Revolution entsprach. So wurden andersdenkende Konkurrenten nicht durch Argumente zu überzeugen versucht, sondern landeten auf dem Schafott. So erging es z.B. 1794 Danton und auch Robespierre, der 1793/94 an der Spitze des

Wohlfahrtsausschusses selbst mit harter Hand regiert hatte. Nach der Änderung der Verfassung wurde 1795 ein fünfköpfiges Direktorium als Regierung eingesetzt. (Haupt 1994: S. 258, 265, 268, 270 f., Duden Lexikon Band 3 1996: S. 1110, Farbiges großes Volkslexikon Band 4 1981: S. 225)

Die Folgejahre waren durch Aufstände und Staatsstreiche gekennzeichnet. Diese wurden begründet durch die andauernden Finanz- und Versorgungskrisen, geprägt durch chronische Finanznot des Staates, Inflation des Papiergeldes und Hungersnöte: Aufstand der Sansculotten in Paris (1795), royalistischer Aufstand gegen den Konvent (1795), antiroyalistischer Staatsstreich (1797), Staatsstreich durch Napoleon Bonaparte und Ernennung zum Ersten Konsul (1799). Nachdem im Februar 1798 die Römische Republik gegründet worden war, herrschten in den Jahren 1798 bis 1801/02 des Weiteren kriegerische Auseinandersetzungen zwischen Frankreich und der 2. Koalition. 1803 kam es zum Krieg mit England. Die gesamten militärischen Expansionen hatten eine wichtige innere Funktion, da die Eroberungen dem Ansehen der Regierung bei der eigenen Bevölkerung und der Sanierung der Staatsfinanzen helfen sollten. Auf der anderen Seite versuchte die englische Regierung, die Machtkonzentration auf dem Kontinent zu verhindern, indem sie als Geldgeber und Drahtzieher der verschiedenen Koalitionen gegen Frankreich auftrat. (Haupt 1994: S. 268 f., 273 f., 279, Farbiges großes Volkslexikon Band 4 1981: S. 225)

Ein wichtiges Datum für die Wirtschaft stellt der 13. Februar 1800 dar, der Gründungstag der Banque de France, die die Geld- und

Kreditgeschäfte im Lande koordinieren sollte. Napoleon schuf außerdem mit dem Franc Germinal eine stabile Währung. (Haupt 1994: S. 269, 275)

Nachdem Napoleon Bonaparte bereits 1802 sein Amt als Konsul auf Lebenszeit erhielt, wurde er im Mai 1804 zum Kaiser proklamiert und ließ sich im Dezember des gleichen Jahres zu Napoleon I. krönen. (Haupt 1994: S. 269, 278, Duden Lexikon Band 3 1996: S. 1098, Farbiges großes Volkslexikon Band 4 1981: S. 204)

Im Jahre 1804 wurde das Zivilgesetzbuch, der „Code Napoléon“ (auch „Code civile“ genannt) verabschiedet. Darin wurden die Grundsteine der mit der Revolution erkämpften Rechte manifestiert. Insbesondere wurden das Landeigentum geschützt und die Gewissens-

und Vertragsfreiheit festgeschrieben. Gleichzeitig bedeutete dies eine deutliche Abkehr von den vielfältigen Gewohnheitsrechten des Ancien Régime. Die individuelle Leistung stand nun im Vordergrund. Wer entsprechende Leistungen erbrachte, sollte Ausbildungs- und Aufstiegschancen in Gymnasien, Universitäten, Eliteschulen und der Armee erhalten. (Haupt 1994: S. 269, 275, Farbiges großes Volkslexikon Band 4 1981: S. 204)

Die kriegerischen Auseinandersetzungen Frankreichs setzten sich fort: Krieg der 3. Koalition gegen Frankreich (1805), Krieg der 4. Koalition gegen Frankreich (1806/07), Krieg auf der Pyrenäenhalbinsel (1808 – 1814), Krieg gegen Österreich (1809). Dem nicht genug, kam es 1812 zu Hungerunruhen in Caen. Außerdem kam es zu militärischen Niederlagen im Feldzug gegen Russland

(1812) und in der Völkerschlacht bei Leipzig (1813), was die politische Stellung Napoleons I. schwächte, der dann nach der Kapitulation von Paris letztendlich im April 1814 abgesetzt wurde und abdanken musste. (Haupt 1994: S. 269 f., 280 f., Duden Lexikon Band 3 1996: S. 1098, Farbiges großes Volkslexikon Band 4 1981: S. 204 f.)

Napoleon I. versuchte im März 1815 durch eine Landung in Südfrankreich seine verlorene Position zurück zu erlangen, schaffte es sogar bis Paris, musste jedoch bereits nach hundert Tagen und der verlorenen Schlacht bei Waterloo erneut abdanken und ging in die Verbannung nach Sankt Helena. (Haupt 1994: S. 283 ff.)

Mit seinem „Gastspiel" von „hundert Tagen", dem sogenannten Intervall vom 1. März – 22.

Juni 1815, unterbrach Napoleon I. nur kurz die Zeit der Restauration (1814 – 1830), in der Ludwig XVIII. und später nach dessen Tod Karl X. (ab 1824) die Regierung übernahmen. Die Bourbonen waren aus dem Exil zurückgekehrt, um ihren auf altangestammte, durch Gottesgnade gestiftete Legitimität begründeten Herrschaftsanspruch zu „restaurieren". Trotz der Anknüpfung an monarchische Traditionen und Verkündung einer neuen Verfassung (Charte constitutionelle) wurden die wesentlichen Ergebnisse der Revolution anerkannt. Dies schloss die Akzeptanz der Justiz- und Verwaltungsordnung der Revolution sowie den Verkauf der Nationalgüter ein. Außerdem wurde eine breite Amnestie mit der Verfassung garantiert und die Verfolgung der Meinungen und Voten der Vergangenheit ausgeschlossen. (Haupt 1994: S. 283 ff., Farbiges großes Volkslexikon Band 4 1981: S. 205)

Noch 1815 lebte ein Großteil aller Franzosen in kleineren Ortschaften mit weniger als 2.000 Einwohnern. Viele lebten von der Landwirtschaft. Aber auch handwerkliche und kleinhändlerische Tätigkeiten waren durchaus verbreitet und sorgten für saisonale Zusatz- oder Auswegsbeschäftigung, wobei der Übergang von landwirtschaftlicher und gewerblicher Arbeit fließend war, so dass Bergarbeiter immer noch einen Zusatzverdienst in der Landwirtschaft hatten und Maurer aus dem Departement Creuse z.B. nur die Bausaison in Paris verbrachten. Lange Zeit dominierten Klein- und Familienbetriebe. Große Fabrikhallen, wie z.B. die der Eisenindustrie in Le Creusot und die der Weber- und Spinnereien in Mühlhausen bildeten eine Ausnahme. So war die Entwicklungsdynamik einer Industrialisierung noch weit entfernt. (Haupt 1994: S. 289 f.)

Nach den hundert Tagen Napoleons und der verlorenen Schlacht setzten die europäischen Großmächte harte Friedensbedingungen gegenüber Frankreich durch. So wurden die alten Grenzen von 1790 wieder in Kraft gesetzt und das französische Territorium teilweise bis 1818 besetzt. Des Weiteren mussten die Bourbonen die durch Napoleons Niederlage entstandenen Kosten tragen. An den Anhängern Napoleons wurde Verfolgung und Rachejustiz verübt. Offiziere, die ihn unterstützt hatten, wurden hingerichtet. Ansonsten waren Volksrevolten in der Restaurationszeit relativ selten. Ausnahmen bildeten nur die Aufstände im Vorfeld der 1830er Revolution und die Unruhen der Hungersnot (1816/17). Im Jahre 1820 kam es zu lediglich begrenzten Verschwörungen als Reaktion auf die konservative Wende der Regierungspolitik, die sich jedoch auf kleine

Kreise von Republikanern und Bonapartisten beschränkte. (Haupt 1994: S. 287 ff.)

Die mit der Revolution erstrittenen Grundrechte erfuhren in den 1820er Jahren eine zunehmende Aushöhlung, indem mutmaßliche Verschwörer ohne vorheriges Urteil bis zu drei Monate in Haft genommen werden durften und dadurch die in der Verfassung garantierte persönliche Freiheit eingeschränkt wurde. Auch die Pressefreiheit erfuhr durch neue gesetzliche Regelungen Einschränkungen, wonach eine zeitweilige Zensur stattfinden durfte und für die Veröffentlichung von Druckerzeugnissen eine vorherige Erlaubnis einzuholen war. Danach wurden ganze Zeitungen verboten, weil sie eine nicht genehme Tendenz vertraten und womöglich sogar die Regierung kritisierten. Diese Einschränkungen der Pressefreiheit stießen auf den Unmut der Leser, die sich an die Lektüre einer Zeitung gewöhnt hatten. Der stetige Druck auf Journalisten und Druckereiarbeiter führte bei diesen zu Widerstand gegen die Zensur und die Bereitschaft zu Aufständen gegen diese Verhältnisse, wodurch ein Nährboden als Grundlage für die spätere Julirevolution geschaffen wurde. (Haupt 1994: S. 295)

Hungersnöte in den Städten durch seit 1826 schlechte Ernten und dadurch wiederum steigende Preise für Getreide und Brot taten ihr Übriges. Handwerkliche Produzenten mussten aufgrund des erheblich schrumpfenden Marktes für gewerbliche Produkte Arbeiter entlassen, was die Krise verschärfte. Unruhen auf dem Land und in der Stadt waren die Folge. Die um ihre Nahrung besorgten Landbewohner verhinderten Getreidetransporte und erzwangen auf den Märkten niedrigere Preis für Grundnahrungsmittel. Außerdem kämpften sie für ihre traditionellen Gewohnheitsrechte, wie z.B. das Holzlesen in den Wäldern, das ihnen die Regierung durch die neuen Forstgesetze von 1827 untersagen wollte. In den Städten sorgten insbesondere Arbeitslosigkeit und Armut für eine unsichere und explosive Atmosphäre. (Haupt 1994: S. 298)

Mit der Julirevolution vom 27. – 29. Juli 1830 in Paris und der darauf folgenden Abdankung Karls X. sowie der Wahl und Vereidigung Louis Philippes im August des gleichen Jahres, wodurch die Julimonarchie (1830 – 1848) begründet wurde und die Restaurationszeit zu Ende ging, folgten weitere Jahre der Unruhe, der Streiks und der Aufstände: Arbeiteraufstand in Lyon (1831), republikanische Unruhen in Paris (1832), weiterer Arbeiteraufstand in Lyon

(1834), blutig niedergeschlagener Aufstand in Paris (1834), fehlgeschlagenes Attentat auf Louis Philippe (1835), Aufstandsversuch Louis Napoleon Bonapartes in Straßburg (1836). Schon in den ersten Monaten nach der Julirevolution versuchten Handwerker und Arbeiter die Revolution fortzusetzen und ihre radikalen Ziele zu erkämpfen. Insbesondere die *milde* Verurteilung der Minister Karls X. zu lebenslanger Haft, anstatt sie hinzurichten, erregte die Gemüter. (Haupt 1994: S. 296 f., 301, Duden Lexikon Band 3 1996: S. 1098, Farbiges großes Volkslexikon Band 4 1981: S. 205)

Da zahlreiche adlige Präfekten den Treueeid auf den neuen König nicht schwören wollten, traten sie zurück. Den ultraroyalistischen Abgeordneten erging es ähnlich, denn auch sie zogen sich aus der Politik zurück. Damit nahm insgesamt der Einfluss des Adels ab, der seine politischen Führungspositionen abgegeben hatte. Mit den nachrückenden Vertretern des Bürgertums hatten somit die Mittelklassen die Macht ergriffen. Der Adel beschränkte sich vorrangig auf die Machtausübung auf seinen Gütern und schuf somit eine lokale Klientelpolitik. Auf nationaler Ebene hatte er jedoch seine Funktion als meinungsbildender politischer Faktor verloren. (Haupt 1994: S. 300 f.)

Die Wirtschaftskrise wirkte bis weit in die 1830er Jahre, worauf sich so mancher Aufstand begründete. Das bekannteste Ereignis in diesem Zusammenhang war der Aufstand der Seidenarbeiter in Lyon im Jahre 1831. Streitpunkt in diesem im Verlagssystem organisierten Produktionsbereich war insbesondere die Höhe des Stücklohnes (Tarif). Hierbei standen sich Kleinmeister,

Gesellen und Lehrlinge auf der einen und Kaufleute auf der anderen Seite gegenüber.

Die Probleme knapper Arbeit und geringer Ressourcen wurde noch durch eine Choleraepidemie verstärkt. Gefühle der Unsicherheit und Unzufriedenheit machten sich breit. Und so ist es nicht verwunderlich, dass im Jahre 1833 in fast allen wichtigen Berufen in vielen Städten Streiks ausbrachen. 1834 folgten weitere Aufstände in Paris und Lyon, die beide blutig niedergeschlagen wurden. In Lyon hatte insbesondere die Auflösung einer Hilfskasse auf Gegenseitigkeit für das Aufkommen der Unruhen gesorgt. Anstatt auf diese Unruhen und die dadurch ausgedrückte Unzufriedenheit mit Reformen zu reagieren, unternahm die Regierung mit Hilfe der Nationalgarde und regulärer Truppen alle „erforderlichen“ Schritte, um die Sicherheit und Ordnung des Landes mit Gewalt wiederherzustellen. Vereine und Publikationsorgane wurden durch scharfe

Gesetze zu kontrollieren versucht. Insbesondere die Presse wurde dadurch sehr eingeschränkt. Arbeiterorganisationen sahen sich gezwungen, in den Untergrund zu gehen.

Ein Attentat auf den König Louis Philippe scheiterte 1835 genauso wie der 1836 gestartete Versuch Louis Napoleons, einem Neffen Napoleons I., die Garnison in Straßburg zum Aufstand anzustacheln. (Haupt 1994: S. 302 f., Farbiges großes Volkslexikon Band 4 1981: S. 205)

Im Oktober 1838 brach die Schriftstellerin George Sand zu einer Reise nach Mallorca auf, von der nachfolgend noch ausgiebig berichtet werden soll. Die zuvor dargelegten politischen und sozialen Ereignisse der Jahre 1789 bis zum Beginn der Reise, die natürlich nur recht oberflächlich dargestellt werden konnten, sollen helfen, die von Sand gemachten Aussagen einzuordnen.

4.2. Zur Person "George Sand"

Die Schriftstellerin George Sand (1804 – 1876) hieß mit richtigem Namen Aurore Baronin Dudevant, geb. Dupin.

Sie war unter anderem die Geliebte des französischen Dichters Alfred de Musset und des polnischen Pianisten und Komponisten Frédéric Chopin (gest. 1849).

Sie hatte zwei Kinder und war eine Dame der komfortgewohnten französischen Gesellschaft. Sie praktizierte außereheliche Beziehungen, was für damalige Zeiten und Verhältnisse doch sehr ungewöhnlich und fortschrittlich war, und prangerte in ihren Romanen gesellschaftliche Vorurteile und soziale Missstände an. Dabei war sie eine Frau mit außergewöhnlicher Energie und Zielstrebigkeit. (Knaurs Lexikon Band 4 1991: S. 1248, Der Volks-Brockhaus 1956: S. 681, Krebs 1994: S. 8, Haberl 1990: S. I, VII f.)

George Sands Vater war ein Enkel des Marschalls von Sachsen und ihre Mutter war die Tochter eines einfachen Vogelhändlers (Maurois 1995: S. 28 f.). Sie kannte somit aus eigener Anschauung beide Gesellschaftsschichten und deren Spannungsverhältnis zueinander. Durch die Herkunft ihrer Mutter erlangte Sand Verständnis für das einfache Volk und wurde gesellschaftskritischer, was sich auch in ihren Publikationen ausdrückte. (Maurois 1995: S. 42, Haberl 1990: S. IX)

Sie begann schon als Mädchen zu schreiben, wobei sie schon damals die Gleichheit der Geschlechter thematisierte (Maurois 1995: S. 63 f., Haberl 1990: S. IX).

Nach der Trennung von ihrem Mann, Casimir Dudevant, im Jahre 1831 musste sie sich als Journalistin und Schriftstellerin betätigen, um ihren Lebensunterhalt bestreiten zu können (Maurois 1995: S. 122 ff., 128 ff.,

Haberl 1990: S. VIII). 1836 folgte die offizielle Scheidung und damit die endgültige Befreiung aus der Unterdrückung in der Ehe (Maurois 1995: S. 241 ff., Haberl 1990: S. VIII).

Unterdrückung deswegen, weil mit der Heirat im Jahre 1822 der Ehemann laut Gesetz die Verfügungsgewalt über das Vermögen der Ehefrau (und schließlich brachte Sand einen Großteil des Vermögens in die Ehe ein) übernahm. Außerdem mussten jegliche Rechtsgeschäfte der Frau durch ihren Ehemann genehmigt werden. Diese ganzen Abhängigkeiten wollte Sand irgendwann nicht mehr mitmachen und sie wollte selbst wieder Verfügungsgewalt über ihr Vermögen erlangen. Dies, verbunden mit einer fortschreitenden Entfremdung der Ehepartner, führte irgendwann zum Bruch. (Maurois 1995: S. 73, 77, 124)

Schon während der Ehe begann Sand mit zahlreichen Liebschaften, die sich anfangs sehr zurückhaltend (quasi nur platonisch) und später immer hemmungsloser (Empfang der Liebhaber im ehelichen Hause) gestalteten (Maurois 1995: S. 87, 119, 144).

Für sie war Sexualität jedoch immer untrennbar mit der Liebe verbunden. Sie liebte jeden ihrer Liebhaber. Als sie ihren Ehemann nicht mehr liebte, konnte sie auch nicht mehr mit ihm schlafen. (Maurois 1995: S. 225)

Den Künstlernamen „George Sand“ legte sie sich aus Rücksicht auf ihre Schwiegermutter, die Baronin Dudevant, zu, die Veröffentlichungen ihrer Schwiegertochter unter dem Namen Dudevant niemals geduldet hätte. (Maurois 1995: S. 134, 150)

Sand lernte Chopin erst ca. ein Jahr vor Reiseantritt im Jahre 1837 kennen, wobei sich dessen „Verführung“ äußerst schwierig gestaltete und erst nach längerem Hin und Her gelang. (Maurois 1995: S. 294 ff.)

4.3. Der Reiseverlauf und die Teilnehmer

Mitte Oktober des Jahres 1838 brach George Sand mit ihrem Sohn Maurice und ihrer Tochter Solange von *Paris* aus zu einer Reise nach *Mallorca* auf. Hierbei handelte es sich um eine der ersten Erholungsfahrten in den sonnigen Süden und Sand hätte somit die „Entdeckung“ Mallorcas (zumindest als Reiseziel) für sich beanspruchen können, wie sie auch selber sagte. Die Gründe für den Antritt der Reise waren vielfältig. Zum einen war dem kranken Frédéric Chopin, der der Reisegruppe bald folgte, von seinem Arzt ein

Klimawechsel empfohlen worden und zum anderen wollte das unverheiratete Liebespaar Sand/Chopin dem Treiben und den engen Fesseln der Pariser Gesellschaft entfliehen. Für den an Rheuma leidenden Maurice erhoffte man sich ebenso, eine Verbesserung des Gesundheitszustandes durch die Reise zu erlangen. (Krebs 1994: S. 1, 7, Sand 1994: S. 35 f., 253, Maurois 1995: S. 302, Haberl 1990: S. X, Sand 1990: S. 144)

Chopin war der Reisegruppe, die die Strecke in kleinen Etappen mit Stationen bei Freunden bis *Perpignan* zurückgelegt hatte, etwas später heimlich mit der Eilpostkutsche ohne Unterbrechung in vier Tagen gefolgt und stieß dann am Treffpunkt *Perpignan* zu ihnen. Chopin hatte dieses eigentlich umständliche Verfahren und die Heimlichkeit gewählt, um in Paris nicht für neuen Gesprächsstoff zu sorgen, den eine gemeinsame Abreise des unverheirateten Liebespaares sicherlich ergeben hätte. (Krebs 1994: S. 7, Maurois 1995: S. 302)

Chopin war im Rahmen der Liebesbeziehung zu George Sand allgemein sehr auf Diskretion und Verschwiegenheit bedacht, da er Angst um seinen guten Ruf hatte (Maurois 1995: S. 300).

Die Fahrt wurde gemeinsam im Reisewagen bis *Port Vendres* fortgesetzt, wo man sich nach *Barcelona* einschiffte. Aufgrund des Bürgerkrieges hatte man aus Sicherheitsgründen den Seeweg gewählt. (Krebs 1994: S. 7 f.)

Von *Barcelona* aus, wo man sich einige Tage Ruhe gegönnt hatte, nahm man den ein Jahr alten Raddampfer „El Mallorquin“ am Nachmittag des 07. Novembers 1838, um in einer 18-stündigen Überfahrt bis *Palma* überzusetzen. Der Raddampfer diente in erster Linie dem Schweinetransport von der Insel zum Festland und nahm menschliche Passagiere nur zweitrangig mit, was man diese laut Sand auch spüren ließ. Die Insel Mallorca lag damals noch äußerst abgelegen und war nur sehr beschwerlich zu erreichen. Die Gesamtreisedauer betrug 14 Tage (für die Anreise). (Krebs 1994: S. 8, Sand 1994: S. 54 f., Sand 1990: S. 164)

Die beschwerliche Reise wäre ohne die besonderen Eigenschaften von George Sand nicht möglich gewesen. Sie war eine Frau mit außergewöhnlicher Energie und Zielstrebigkeit, was für eine Frau der damaligen Zeit doch recht außergewöhnlich war. (Krebs 1994: S. 8)

Die geplante Gesamt-Reisedauer betrug 1 - 2 Jahre. Tatsächlich wurden daraus jedoch lediglich ca. 100 Tage, da die kleine Reisegruppe bereits am 13.02.1839 die Rückreise mit dem Dampfer nach *Barcelona* antrat. Dieser vorzeitige Reiseabbruch geschah aufgrund der Verschlechterung des gesundheitlichen Zustandes Chopins und dem allgemeinen Druck, dem die Reisegruppe als „unerwünschte Gäste“ auf der Insel von den Einwohnern ausgesetzt war.

Nach einer längeren Rast in *Marseille* traf man Ende Mai 1839 wieder in *Paris* ein. (Krebs 1994: S. 11)

In erster Linie hatten die Kinder von dieser Erholungsreise profitiert. Das unbeschwerte Spielen und Herumtollen in der schönen Landschaft Mallorcas sorgte für Genuss und

Entspannung. Vor allem der erholungsbedürftige Maurice hatte dort neue Kräfte sammeln können und wurde von seinem schweren rheumatischen Leiden geheilt. (Krebs 1994: S. 11, Sand 1994: S. 200, 256, Sand 1990: S. 165)

Sand schrieb auf der Insel viele Romane, verfasste den Reisebericht aber erst einige Zeit nach ihrer Rückkehr. Er wurde im Jahre 1842 das erste Mal veröffentlicht. Das Besondere an diesem Buch sind insbesondere die Beschreibungen der Insellandschaft und der gemachten Fremdheitserfahrungen. (Krebs 1994: S. 11 f., 14)

Sie beschaffte sich zum Verfassen dieses Berichtes alles verfügbare Material, um ein möglichst objektives Bild darstellen zu können und wollte dabei eigentlich ihre eigenen Empfindungen auslassen, was ihr letztendlich jedoch nicht gelang. (Krebs 1994: S. 12, Sand 1994: S. 66)

4.4. Beschreibung der volkswirtschaftlichen und gesellschaftlichen Verhältnisse auf Mallorca

Die Insel war damals durch eine schlechte Infrastruktur gekennzeichnet, was insbesondere die mangelhaft ausgebauten Straßen betraf. Dieser Umstand behinderte die Handelsmöglichkeiten. Zudem beschrieb George Sands die Landwirtschaft (im Vergleich zu Frankreich) als äußerst rückständig. Die abgelegene Insel war in der Tat „unterentwickelt“ (zumindest aus ethnozentristischer Sichtweise und im Vergleich zu anderen Regionen Europas) und die Kritik Sands daher durchaus berechtigt. Beobachtungen zeitgenössischer spanischer Autoren bestätigen die gemachten

Beschreibungen. (Krebs 1994: S. 8, Sand 1994: S. 43 ff., 49, 78 f., 153 ff., Sand 1990: S. 160)

Der Boden Mallorcas war äußerst fruchtbar und brachte landwirtschaftliche Produkte hervorragender Qualität hervor. So war z.B. der Weizen sehr rein und fein. Die Mallorquiner exportierten ihn deshalb und beschafften sich für ihre eigene Ernährung das aus kantabrischen Provinzen stammende, gröbere und billigere Getreide. So kam es zu der Paradoxie, dass es in einem Land mit so hervorragendem Weizen nur ein widerlich schmeckendes Brot gab. Weitere wichtige Ausfuhrprodukte waren Mandeln, Orangen und Schweine. Sands prangerte die grundsätzlich in ihren Augen wenig rationell und systematisch erfolgende landwirtschaftliche Produktionsweise auf Mallorca an. Nach ihrer Meinung sei eine

Ertragssteigerung bis zum Zehnfachen möglich. Neben der mangelhaften Bearbeitungsweise fehle es dem Boden an einer vernünftigen Düngung. Die Mallorquiner benutzten damals zur Düngung Seetang, den Sand jedoch für ungeeignet hielt. (Sand 1994: S. 43, 45, 48)

Die mallorquinischen Schweine waren für George Sand die schönsten, die sie je gesehen hatte. Im 18. Jahrhundert war auf Mallorca der Tierhandel konzessioniert worden, wobei die spanische Regierung diese Liefergenehmigungen entsprechend „verkaufte". Die Folge war, dass die Konzessionäre den Export mallorquinischer Rinder unterbanden und sich gleichzeitig das Recht auf uneingeschränkte Einfuhr von Rindern nach Mallorca vorbehielten. Unter diesen Bedingungen lohnte sich die Rinderzucht für die mallorquinischen

Produzenten nicht mehr und das Rind starb mit der Zeit auf der Insel aus. Diese Misswirtschaft schadete der heimischen Landwirtschaft enorm und war mit einem schwindenden Reichtum verbunden. Als Ersatz für die Rinder konzentrierte man sich fortan auf die Zucht von Schweinen. (Sand 1994: S. 46 f.)

Die Ausbeutung der Insel bezog sich jedoch nicht nur auf den Tierhandel. So wurden für die spanische Algerienexpedition zum Bau von einer ganzen Flottille von Kanonenbooten die herrlichen Baumbestände der Insel von Schiffszimmerleuten abgeholzt und kahle Berge zurückgelassen. Dem nicht genug, wurden die einheimischen Waldbesitzer dabei schikaniert und mit einer geringen Entschädigungszahlung abgespeist. Somit wurde ebenso die Motivation für eine

Aufforstung im Keim erstickt. (Sand 1994: S. 47)

Die vorgefundenen Schafe entstammten zwar einer guten Rasse, wirkten auf George Sand aber schlecht genährt und vernachlässigt. Die Ziegen waren afrikanischer Herkunft, lieferten jedoch lediglich 10% der Milch, die französische Ziegen liefern würden. Pferde waren kaum vorzufinden, da das spanische Mutterland alle Fohlen für das Heer requirierte, woraufhin man auch hier die Pferdezucht einstellte, da grundsätzlich kein Mallorquiner für andere arbeite, so Sand. (Sand 1994: S. 48, 53)

Auf der Insel wuchsen Feigen, Oliven, Mandeln und Orangen. Das Problem für den Handel damit waren aber die bereits erwähnten Infrastrukturprobleme, die einen raschen und reibungslosen Transport der verderblichen Ware vom Landesinnern an die Küste erschwerte bzw. zum Teil unmöglich machte. Der Transport, sofern er überhaupt erfolgen konnte, war genauso teuer, wie die Waren selbst, wodurch sich die ganze Sache dann nicht mehr rentierte. (Sand 1994: S. 49)

Die Insel war reich an Olivenbäumen. Die praktizierte Raffinierungsmethode brachte ein ranziges und stinkendes Öl hervor, was George Sand sehr bedauerte. In Frankreich bestand damals ein hoher Bedarf nach Olivenöl, das jedoch nur sehr teuer und in schlechter Qualität erhältlich war. Sand kam nun auf den Gedanken, dass man die guten Oliven Mallorcas mit dem besseren französischen Raffinierungsverfahren behandeln müsse, um so ein Olivenöl bester Qualität, preiswert und in großer Menge hervorzubringen, das man dann nach

Frankreich exportieren und dort absetzen könnte. Aber auch diese Idee scheiterte an der schlechten Infrastruktur, in Form schlechter Straßen auf der Insel selbst und fehlender Schiffsverbindungen nach Frankreich. (Sand 1994: S. 50 f.)

Die schlechten Straßen hatten ihren Grund in der Willkür der spanischen Regierung in bezug auf die Vergabe und Reglementierung von Ausfuhrrechten. Diese unsichere Lage veranlasste die Mallorquiner, keine unnötige Zeit und Energie in den Ausbau und den Erhalt der Straßen zu stecken. (Sand 1994: S. 53)

Aber nicht nur die Ausfuhr, sondern auch die Einfuhr wurde durch die spanische Regierung stark reglementiert, indem äußerst hohe Zölle auf einzuführende Luxusgüter erhoben wurden, wobei der Zoll oftmals dem Warenwert entsprach. Dies musste auch die

Reisegruppe feststellen, die für Chopin ein Klavier einführen wollte. (Sand 1994: S. 69, Maurois 1995: S. 305, Sand 1990: S. 158, 162)

Es fehlte an Industrie auf der Insel. Man lebte in erster Linie von der Landwirtschaft oder als Bediensteter bei den Reichen. So begaben sich viele lieber in den Dienst bei Adligen und Reichen, anstatt die Landwirtschaft produktiv auszubauen. Dies taten die Mallorquiner laut Sand in erster Linie, um dann „Nichts" mehr tun zu müssen. Die Häuser der Dienstherren quollen geradezu über vor Dienerschaft, die eigentlich gar nicht benötigt wurde. Die Bediensteten wurden durch Armut oder Faulheit dazu getrieben, während die Dienstherren sich eine große Dienerschaft aus Prestigegründen hielten. George Sand verurteilte die eingefleischte knechtische

Gesinnung der Mallorquiner und deren entehrenden Müßiggang. (Sand 1994: S. 79 f.)

Sand scheint also auch eine Verfechterin der Arbeitsgesellschaft gewesen zu sein, da ihre Ausführungen den Leser an den Kampf der Kolonialherren gegen den verderblichen Müßiggang in Afrika erinnern. In der Wortwahl und den gemachten Aussagen lassen sich durchaus Parallelen erkennen.

Sand kritisierte die Mallorquiner und ihre Gesellschaft aber noch weitgehender, indem sie anmerkte, dass es noch Jahre dauern würde, bis der Mallorquiner fleißig und emsig sein würde. Sie seien noch nicht erwachsen, aber eines Tages werde man sie in die höhere Zivilisation, nämlich die Frankreichs, einweihen. Der Vergleich mit Kindern und die Zuordnung zu einer Vorstufe der Zivilisation lässt stark an die Ausführungen Albert

Schweitzers erinnern, mit dem wir uns im vorherigen Kapitel beschäftigten.

Sand begründete den Herrschaftsanspruch der französischen Kultur und Zivilisation mit den Errungenschaften der Revolution, explizit der Gleichheit aller Menschen und der Unabhängigkeit der Völker, die sie in ganz Europa verwirklicht sehen wollte. (Sand 1994: S. 81 f.)

Die Wohnverhältnisse der Insulaner gestalteten sich mit uralten Inneneinrichtungen, keinen Luxusgütern und nassen, zugigen Häusern als sehr einfach. Dies resultierte zum einen aus Geldschwierigkeiten und zum anderen aus Gleichgültigkeit. (Sand 1994: S. 70, 87 f., Maurois 1995: S. 303)

Die Wohnungen bestanden in der Regel aus vier nackten Wänden und ohne Türen und Fenster. Nur die jeweiligen Öffnungen waren vorhanden. In den meisten Bürgerhäusern gab es keine Fensterscheiben. Wer in eine neue Behausung einzog und Fensterscheiben haben wollte, musste sich zunächst einmal Fensterrahmen anfertigen lassen. Es war damals auf Mallorca nämlich üblich, dass bei einem Wohnungswechsel der alte Mieter seine Fenster, Schlösser und sogar Türangeln mitnahm.

Die Anfertigung von Türen, Fenstern sowie der Inneneinrichtung (Betten, Tische, Stühle usw.) nahm mindestens sechs Monate in Anspruch, da es nur wenige Handwerker gab und diese zudem nur recht langsam arbeiteten, weil entweder kein Werkzeug oder kein Material zur Verfügung stand. (Sand 1994: S. 71 f., Maurois 1995: S. 303)

Die katholische Bevölkerung war streng gläubig. Deren Lebensart und Esskultur wurden ebenso von der Französin Sand kritisiert. (Krebs 1994: S. 8)

4.5. Wie George Sand die Bewohner Mallorcas sah und einschätzte

George Sand beschrieb die Bewohner Mallorcas als sehr misstrauisch und intolerant, indem Fremdartiges und Unbekanntes sie scheu sowie harmlose Fragen eines Fremden diesen gleich zum Spitzel werden lassen. Die Vorsicht des Spaniers und das Misstrauen des Insulaners seien hier vereinigt. Als Beispiel führte sie den Maler J.B. Laurens an, der ohne bösen Hintergedanken die Ruinen eines Kastells skizziert hatte. Er wurde inhaftiert und verdächtigt, einen „Plan“ der Festung angelegt zu haben. Nur dem Eingreifen des französischen Konsuls sei es zu verdanken, dass man ihn wieder frei ließ. Das Bedürfnis auf Ruinen sei ihm jedoch gründlich vergangen. (Sand 1994: S. 39, 197 f.)

Die Mallorquiner seien grundsätzlich gegenüber Fremden sehr ungastfreundschaftlich, was sich allein schon daran zeige, dass es kein einziges Gasthaus auf der Insel gäbe. (Sand 1994: S. 67 f., Sand 1990: S. 158)

Zudem seien sie unflexibel, da sie ihre Gewohnheiten trotz Aussichten auf Profit nicht ändern würden und Reformvorschlägen von Ausländern (besonders von Franzosen) verachtend gegenüberständen. (Sand 1994: S. 51 f.)

In ihren Ausführungen traute George Sand den Mallorquinern kaum irgendwelche

Fertigkeiten zu. Sie hätten keine Ahnung von der Rindermast, der Wollverarbeitung und dem Melken von Kühen. Dabei seien sie so stolz und gleichzeitig armselig wie Don Quijote. (Sand 1994: S. 53)

Sie seien unwissend, streng gläubig, aber dennoch abergläubisch, da sie zum Beispiel ständig der fixen Idee der Ansteckung mit „imaginären" Krankheiten erlägen seien. Sie würden sich vor Krankheiten und dem Tod fürchten, seien unaufrichtig und nicht barmherzig. (Sand 1994: S. 57 f., 210 ff., 214, Maurois 1995: S. 303 f., 307, Sand 1990: S. 161, 164)

Selbstkritisch gab George Sand zu, dass in Mittelfrankreich, wo die französische Landwirtschaft am rückständigsten sei, die Arbeitsweise des Bauern nur seine Unwissenheit und seinen Dickschädel beweise. Auf Mallorca sei es jedoch noch schlimmer. Man arbeite zwar sehr emsig, aber die Landwirtschaft stecke noch in den Kinderschuhen. Nirgendwo sonst gehe die Bodenbearbeitung mit so viel Geduld und doch so wenig gründlich vonstatten. Dabei seien einfachste Maschinen unbekannt. Recht magere und schwache mallorquinische Menschenarme (im Vergleich zu den französischen) täten alles, aber unglaublich langsam.

Auf Mallorca bräuchte man einen halben Tag zum Umgraben von Erde eines Ackers, was in Frankreich lediglich zwei Stunden in Anspruch nehmen würde. Fünf bis sechs der stärksten mallorquinischen Männer bewegten eine Last von der Stelle, die der schmächtigste Franzose allein und fröhlich auf seinen Schultern trüge. Trotz dieser „Lässigkeiten“ sei der gesamte Boden auf Mallorca bebaut, dem Anschein nach sogar wohlbebaut.

Mallorcas Bevölkerung habe niemals die Not kennengelernt, aber trotz der Segnungen mit den Schätzen der Natur und dem schönsten blauen Himmel sei ihr Leben viel primitiver und freudloser als das der französischen Bauern. (Sand 1994: S. 43 f.)

Laut Sand sei die Folge der hohen Steuerlast auf Mallorca der Geiz, die Selbstsucht und die Unehrlichkeit im Verkehr mit Fremden (Fremde seien für sie keine Menschen). Sie würden ohne Gewissensbisse betrügen, lügen, prellen und plündern. Dabei gingen sie ständig zur Beichte und strebten die Aufnahme ins Paradies an, wüssten jedoch nicht, worin die wahren menschlichen Pflichten beständen. Auf Mallorca sei geradezu eine Unkultur und diebische Veranlagung bei der Bevölkerung vorzufinden. Sie hätten die räuberischen Instinkte eines Malaien oder Kaffern. Diese moralischen Mängel seien jedoch nur Ausdruck materieller Not. (Sand 1994: S. 58, 163 f., 169 f., 211, 213 f., 256, Sand 1990: S. 161, 170 f.)

Um das Bild der schlechten Eigenschaften abzurunden, wurden als negative äußerliche Merkmale erwähnt, dass sich die Einwohner Mallorcas nur selten wuschen, Flöhe hätten und ständig nach ranzigem Öl und Knoblauch stänken. (Sand 1994: S. 50, 169, 183, 185, 222, Maurois 1995: S. 303)

4.6. Wie die Bewohner George Sand und ihre Reisegefährten sahen und beurteilten

Die Mallorquiner empfanden genauso wenige Sympathien für ihre Gäste, wie umgekehrt. So beschimpften sie George Sand und ihre Reisegefährten als Heiden, Muselmänner und Juden und bestraften sie durch erhöhte Preise für Nahrungsmittel. Sie seien gottlose Teufel, denen man es einfach heimzahlen müsse. Die Schimpfworte „Jude“ und „Muselmann“ sind eng mit dem vorherrschenden katholischen Glauben verbunden und stammen noch aus der Zeit der Inquisition (1645 – 1691), in der Mallorquiner verfolgt wurden, weil sie des Judentums, des Mohammedanismus oder der Ketzerei bezichtigt wurden. Hierauf stand die Todesstrafe. (Krebs 1994: S. 10, Sand 1994: S. 144 f., 198 f., Maurois 1995: S. 305, Sand 1990: S. 162)

Sie sahen in ihren Gästen nur gottlose Franzosen, die sich nie in der Messe blicken ließen und nie zur Beichte gingen. Dabei benähmen sich George Sand und ihre Tochter außerdem unschicklich, indem sie als Frauen (!) Hosen trügen, anstatt sich geziemend zu kleiden. George Sand zeigte sich jedoch keineswegs einsichtig, sondern warf den Einheimischen Prüderie vor. (Krebs 1994: S. 10, Sand 1994: S. 178, 198, Maurois 1995: S. 305, Sand 1990: S. 161, 171)

Außerdem würde das nicht verheiratete Liebespaar Sand/Chopin nach der Meinung der Einwohner in einem sündigen Konkubinat leben und machten, was das Ganze doppelt verwerflich erscheinen lasse, ihre Kinder zu täglichen Zeugen ihres schändlichen Treibens. (Krebs 1994: S. 10)

Chopin wurde der Schwindsucht beschuldigt, welche als genauso schlimm wie die Pest angesehen wurde. Darauf folgend warf man ihm vor, die Kinder der Gefahr der Ansteckung auszusetzen, was man als unverantwortlich ansah. Laut George Sand handelte es sich nicht um Schwindsucht, sondern lediglich um eine Halsentzündung mit späterer Bronchitis, die sich zu einer Nervenentzündung entwickelte. (Krebs 1994: S. 10, Sand 1994: S. 88 ff., 200, 212, 218 f., 246 f., Maurois 1995: S. 303 f., 306, Sand 1990: S. 161)

George Sand wurde sogar unterstellt, eine Hexe zu sein. Die Gruppe wurde nur geduldet, weil sie gutes Geld unter arme Leute brachte. (Krebs 1994: S. 10)

Man sah die Reisenden als unerwünschte Fremdkörper an, die in ein fremdes Land kämen und dort nur rumnörgelten. Sollten sie doch einfach wieder gehen, wenn etwas ihnen nicht passen würde. (Sand 1994: S. 68, 72)

4.7. Das grundsätzliche Problem und das Fazit daraus

Das grundsätzliche Problem war, dass die Mallorquiner mit der weltoffenen Art der George Sand und ihren aufklärerischen und reformerischen, gar schon für mallorquinische Verhältnisse revolutionären Gedanken und Einstellungen, die sich natürlich auch in dem alltäglichen Verhalten Sands widerspiegelten, nicht klarkamen. Es trafen zwei Kulturen unterschiedlicher Welten aufeinander, die sich in einer unüberwindlichen Frontstellung gegenüberstanden.

George Sand kam aus einem Land, das in den letzten fünfzig Jahren seiner Geschichte durch Umbrüche, Revolutionen und gesellschaftliche Neuordnungen geprägt wurde (was bereits ausführlich dargestellt wurde). Dies hatte natürlich auch Auswirkungen auf sie selber. Auf Mallorca dagegen waren die Uhren seit langer Zeit stehen geblieben. Sand war nicht in der Lage, dies so zu akzeptieren und sich entsprechend darauf einzustellen und zu verhalten, woraus sich entsprechende Probleme ergaben und sie bei der einheimischen Bevölkerung aneckte.

Sie wetterte gegen die Kirche und deren Institutionen, wie Klöster und das Mönchswesen, indem sie dieser Ausbeutung und Knechtung der Bevölkerung unterstellte. Sie erkannte, dass die Frömmigkeit eine Macht in Spanien darstellte, zog daraus jedoch für sich und ihr Verhalten keine

Schlüsse bzw. Konsequenzen und hat damit letztendlich das ablehnende Verhalten der Bevölkerung mit zu verantworten. (Sand 1994: S. 118 f.)

Sie erkannte selbst, dass wenn sie und ihre Reisegefährten in die Kirche gegangen wären, sie mit den Einheimischen in gutem Einvernehmen hätten leben können. Sie passte sich aber nicht an und nahm keinerlei Rücksichten auf die Gefühle und Ansichten der Gastgeber. (Sand 1994: S. 198)

Die Französin Sand konnte in Frankreich mit den verschiedensten Menschen, seien es Bauern, Fischer, Fuhrleute, Dienstboten, Handwerker, Hausbesitzer, Ärzte und Adlige, gut umgehen. Dies gelang ihr jedoch nicht auf Mallorca. Dies lag aber weniger an den Sprachschwierigkeiten, sondern vielmehr an der Intoleranz und Unfähigkeit George Sands, sich entgegen ihrer persönlichen

Überzeugungen und Meinungen auf die Eigenheiten der Bewohner einzustellen und diese so zu akzeptieren, wie sie sind. Denn eins darf man nie vergessen: George Sand und ihre Mitreisenden waren *Gäste* in einem *fremden* Land. (Krebs 1994: S. 9)

Der in Frankreich bekannte Name „George Sand“ galt auf der Insel nichts. Ihr begegneten Kritik und Ablehnung. Für sie war es ungewohnt, dass man ihr keinerlei Eigenheiten zugestand, was in Frankreich nie ein Problem gewesen war. (Krebs 1994: S. 9)

George Sand wollte, zumindest spekulativ, die Menschen verändern und zu ihren aufgeklärten Ansichten bekehren, ohne dabei die Realität der geistigen und sozialen Verhältnisse zu beachten und deren

Ursachen ergründen zu wollen. (Krebs 1994: S. 9)

Sie bedachte außerdem nicht, dass ihre Verhaltensweisen den streng gläubigen Mallorquinern äußerst zuwiderliefen und diese daraufhin die „gottlosen“ Franzosen geradezu als Inkarnation der Sünde ansehen mussten und es daher nur gottgefällig sei, wenn man es dem Teufel heimzahle. (Krebs 1994: S. 10)

Durch diese Reise, die so ganz anders ablief als geplant und deswegen ja auch frühzeitig abgebrochen wurde, wurde Sand von ihren Paradiesphantasien (Sand 1994: S. 224, 237) bezüglich des Südens kuriert. Der Südländer sei nicht in Wahrheit glücklich, sondern einfach nur dumm, denn er denke nie. (Sand 1994: S. 44)

Sie kam zu der Erkenntnis, dass der Mensch liebesdürftig sei und seines Gleichen bräuchte. Dies würde er aber nur in der Heimat und nicht in der Fremde erfahren. Letztendlich sei das Paradies also hier unter uns. (Sand 1994: S. 248 f.)

Sand analysierte das Entstehen von Paradiesphantasien sehr gut. Paradiesphantasien seien Ausdruck der Sehnsucht nach dem „Besseren“ als zu Hause, das man in der Ferne finden wolle. Man suche einen Ort der Gemächlichkeit und Ruhe, an dem man ohne Sorgen, Verpflichtungen und Scherereien leben könne. Darum reise man. Nach einiger Zeit würde man jedoch überall irgendwann unzufrieden und bereue es, in die Ferne gegangen zu sein. (Sand 1994: S. 61 f., 64 ff., Sand 1990: S. 170)

Sie selbst empfand während der Reise Gram und Ärger, bemerkte aber dennoch die bildhafte Schönheit der Landschaft. Mallorca sei des Malers Dorado mit einer schönen Vegetation, bizarrsten Formen und Palmen sowie beständigen Wetter. Sie empfahl aufgrund ihrer Erfahrungen eine derartige Reise lediglich körperlich robusten und geistig beschwingten Künstlern. Und vorausschauend sah sie die Zeit kommen, in der ein zarter Schöngeist oder sogar eine elegante Dame ebenso mühelos und bequem nach Palma wie nach Genf fahren könne. Letztendlich hat sie aus heutiger Sicht diesbezüglich Recht behalten (Flug Hamburg – Palma: ca. 2,5 Stunden). (Sand 1994: S. 36 ff.)

5. Fazit

Nach der Beschäftigung mit der grundsätzlichen Problematik des Ethnozentrismus und den Fallbeispielen drängt sich die berechtigte Annahme auf, dass es keine objektiven Fremdheitserlebnisse gibt. Alle unsere Wahrnehmungen unterliegen Einflüssen, die nicht nur von außen, sondern auch von innen kommen (letztere liegen also in uns selbst). So werden Fremdheitserlebnisse u.a. auch durch ethnozentristische Einstellungen, die jeder von uns mehr oder weniger in sich hat, beeinflusst. Diesem Beeinflussungsprozess kann durch kritische Reflexion nur bedingt entgegengewirkt werden, wie auch die untersuchten Beispiele zeigten. Und so können an dieser Stelle auch keine hundertprozentig funktionierenden Lösungsansätze präsentiert werden. Es kann nur immer wieder propagiert werden, andere Lebensweisen und Einstellungen zu akzeptieren und größtmögliche Toleranz zu üben, sowie das eigene Verhalten einer ständigen Überprüfung zu unterziehen. Wie in vielen anderen Lebensbereichen auch, sollte hier die Devise lauten: erst denken, dann sprechen oder handeln.

Jeder Mensch internalisiert im Rahmen seiner Sozialisation Normen, Werte und Verhaltensmuster, die ihm als Beurteilungsmaßstab für fremdes Verhalten, soziale Situationen und Interaktionen dienen. Die gelungene Internalisierung geht so weit, dass die Normen, Werte und Verhaltensmuster am Schluss als „Eigenes“ (von innen heraus Entstandenes) und nicht mehr als ein fremdes Implantat wahrgenommen werden. Da in der Regel jeder Mensch in einer sozialen Gemeinschaft lebt, kann sich niemand dem Sozialisationsprozess entziehen. Grundsätzlich ist dagegen ja auch nichts einzuwenden, da so dem Individuum Verhaltenssicherheit im gesellschaftlichen Umgang miteinander gegeben und er somit vor persönlichen Krisen bewahrt wird. Jeder Einzelne kennt seinen Platz in der Gesellschaft, wo er hingehört.

Jede Gesellschaft und somit jede Ethnie hat ihre jeweils eigenen Normen, Werte und Verhaltensmuster. Hieraus ergibt sich die „ethnische Identität“, die sich unter anderem in einem „Wir-Gefühl“ ausdrückt. Man hat den Willen zur Einheit, der mit der Abgrenzung zu fremden Ethnien verbunden ist. Die Gemeinsamkeiten halten das ganze „Sozialgebilde“ zusammen (man könnte geradezu von einem Kitt der Gesellschaft sprechen). In dieser Gemeinschaft fühlt sich der Einzelne sicher und geborgen. Auf der anderen Seite entstehen dann Ängste bei Fremdheitsbegegnungen, also dem

Zusammentreffen mit fremden Verhaltensweisen, anderen Normen, Werten, Sitten, (Ge)Bräuchen und Lebensstilen, fremden Aussehen und fremden Gerüchen. Man fühlt sich unwohl, nicht mehr zuhause und das Sicherheitsgefühl nimmt ab. Diese Ängste gehen leider oft soweit, dass sie sich in fremdenfeindlichen Aktionen und Gewalttaten entladen. Dabei erfolgt die Fremdenablehnung pauschal und wenig kognitiv, sondern vor allem emotional. Insbesondere in wirtschaftlich schlechten Zeiten nimmt die Angst vor Überfremdung und damit die Gefährdung der eigenen „ethnischen Identität" zu. Die Fremden werden sogar oftmals in eine „Sündenbockrolle" gedrängt und für alles vorherrschende Übel verantwortlich gemacht. Aber auch die Fremden haben Ängste, wenn sie sich in fremden Gesellschaften bewegen. Deswegen kapseln sie sich oftmals ab und ziehen sich in Gettos zurück, wo sie unter sich bleiben (Sicherheitsgefühl). Beiden Seiten fehlt es an Toleranz, dem anderen offen zu begegnen und es so zu akzeptieren, wie es ist, ohne Wenn und Aber. Näheres zur Fremdenangst und auch zur Sündenbocktheorie wurde bereits im Kapitel über „Ethnozentrismus“ ausgeführt.

Der Ethnozentrismus geht über die bloße Fremdenangst noch hinaus, indem das Fremde nicht nur als fremd und deswegen angstmachend, sondern aufgrund eines übersteigerten *Wir-Gefühl* vor allem als „minderwertig“ angesehen wird. Hier setzen dann auch die Helferphantasien an, die dem „Minderwertigen“ auf eine höhere (Entwicklungs-)Stufe verhelfen wollen.

Wir konnten anhand der Beispiele Albert Schweitzer, Karlheinz Böhm und George Sand feststellen, dass bei der Wahrnehmung und der Beurteilung der gemachten

Fremdheitserlebnisse jeweils der internalisierte Bewertungsmaßstab angesetzt wurde. Obwohl die betreffenden Personen vereinzelt versuchten, dies mit dem Verstand durch kritische Reflexion zu verhindern und Toleranz gegenüber anderen Einstellungen und Lebensweisen zu üben, wirkte das Internalisierte unterbewusst weiter. Dies wurde anhand gemachter Aussagen in diesem Buch ausführlich belegt. Es konnte mehr oder weniger bei allen ein ethnozentristischer Einfluss auf die Fremdheitserlebnisse festgestellt werden, was dann zur Auslösung von Helferphantasien führte. Diese Konflikte scheinen naturgegeben zu sein. Sie lassen sich durch Aufklärung und Vernunft lediglich einschränken, denn der Mensch ist kein Computer. Das Leben ist sehr komplex und so kann es immer wieder zu Fehleinschätzungen des in erster Linie triebhaft und emotional gesteuerten Menschen kommen.

So begründeten die Kolonialherren und leider auch Albert Schweitzer die „Ausbeutung" der Kolonien durch moralisch hochgesteckte Ziele. Man wolle ja schließlich den armen primitiven Naturvölkern nur Gutes tun, indem man sie auf eine höhere (kulturelle) Entwicklungsstufe führe und die Schwarzen außerdem vom sündigen Müßiggang befreie. Schweitzer sieht dabei den „Erziehungsaspekt" als Pflicht der *Kulturmenschen* gegenüber den *Primitiven.* Dies, zusammen mit der Absicht, ihnen den Wohlstand zu bringen, rechtfertige die koloniale Herrschaft. Übrig blieb jedoch nur die Ausbeutung und ein nicht mehr ganz so makelloses Bild des Helfers Albert Schweitzer.

Dabei müssen Schweitzer jedoch beste Absichten und der besagte „gute Wille" zugestanden werden. Und schließlich beutete er persönlich die Kolonien und die dortigen

Einheimischen nicht aus, sondern leistete sogar selbstlose Hilfsdienste im Gesundheitswesen. Der christliche Gedanke des „Gebens“ stand bei ihm im Vordergrund. Mit seiner teilweise positiven Einstellung zur kolonialen Herrschaft unter Berücksichtigung verschiedener Aspekte lässt er jedoch erkennen, wie weit er durch seine kulturelle Herkunft und die damalige Zeit geprägt war. Obwohl er zum Teil recht fortschrittliche Ansichten vertrat, war er nicht in der Lage, seine internalisierten Normen und Werte durch kritische Reflexion völlig auszublenden. Karlheinz Böhm geht hier schon erheblich weiter, indem er diesen unerträglichen „Erziehungsansatz“ (die „Primitiven“ zur „höheren Kultur“ zu bringen), den Albert Schweitzer ja noch vertrat, kritisch reflektiert und dem Grundsatz nach ablehnt.

Die Entwicklung zu einem Helfer gestaltete sich bei Albert Schweitzer und Karlheinz Böhm recht unterschiedlich.

Schweitzer plante seinen Hilfseinsatz von langer Hand. Bereits mit 21 Jahren stand sein Beschluss „eines unmittelbar menschlichen Dienens“ aus religiöser Überzeugung und menschlicher Pflicht (wer erhält, muss auch geben) fest und so legte er ein entsprechendes Gelöbnis ab, das bereits im Kapitel über seine Person näher beschrieben wurde. Und so nahm er mit dreißig Jahren die Einlösung seines Versprechens in Angriff. Sein Vorhaben wurde jedoch langfristig vorbereitet, indem er erst noch ein Medizinstudium (!) absolvierte. Zwischen der Entscheidung, ein Helfer zu werden, und der Ausreise ins Zielgebiet liegen ganze 17 Jahre.

Bei Karlheinz Böhm jedoch vollzog sich die Wandlung zum *selbstlosen* Helfer im reifen

Alter von 53 Jahren und doch sehr spontan sowie unüberlegt wirkend. Er gibt an, aus menschlicher Pflicht zu handeln, da die ungerechte Verteilung, der Hunger und die Armut für ihn unerträglich seien. Seine Handlungsmotive sind mir und auch vielen anderen jedoch nicht so einsichtig. Sein Verhalten erinnert unter Würdigung aller Begleiterscheinungen (Hang zu jüngeren Frauen usw.) eher an die Auslebung einer Midlife-Crisis, die der im letzten Drittel seines Lebens befindliche Mann anscheinend durchmacht. Seine Hilfsaktionen liefen sehr unvorbereitet und blauäugig an. Dabei wirkten auch auf ihn durch die Medien geprägte Vorurteile. Er versuchte zwar, mehr noch als Albert Schweitzer, seine Vorurteile und seine internalisierten Bewertungsmaßstäbe bei den Fremdheitsbegegnungen und den dabei gemachten Erlebnissen auszublenden, was aber auch ihm nur teilweise gelang. Er wollte explizit kein

Herrschaftsverhältnis aufbauen, dieses drängt sich jedoch aufgrund der Reichtumsunterschiede zwangsläufig auf. Der reiche Helfer kommt mit viel Geld in ein armes Land, um Projekte zu verwirklichen. Da ist ein Herrschaftsverhältnis schon vorprogrammiert.

Allgemein kann festgestellt werden, dass sich Helfer und Reisende in fremden Ländern gerne als „Schulmeister“ aufführen und fehlende Bescheidenheit und Demut als Gast in einem anderen Land erkennen lassen. So verhielt es sich auch bei unseren Beispielen.

6. Literaturverzeichnis

- Adick, Christel: siehe Geiss, Imanuel, 1992
- Ansprenger, Franz u.a.: „Studien zur Geschichte des deutschen Kolonialismus in Afrika“, Festschrift zum 60. Geburtstag von Peter Sebald; herausgegeben von Peter Heine und Ulrich van der Heyden; Centaurus-Verlagsgesellschaft, Pfaffenweiler, 1995
- Böhm, Karlheinz: „Mein Weg“, Erinnerungen; Verlag Knaur, München, 1993
- Der Volks-Brockhaus, A – Z; Verlag F.A. Brockhaus, Wiesbaden, 12. Auflage, 1956
- Donath, Elke: siehe Gronemeyer, Reimer, 1991
- Drechsler, Horst: siehe Stoecker, Helmuth, 1991

- Duden: „Das Neue Lexikon in 10 Bänden“, Band Nr. 3, Drah – Gebh; herausgegeben und bearbeitet von Meyers Lexikonredaktion, red. Leitung: Joachim Weiß; Dudenverlag, Mannheim, Leipzig, Wien, Zürich, 3. Auflage, 1996
- Duden: „Das Neue Lexikon in 10 Bänden“, Band Nr. 5, Indi – Lau; herausgegeben und bearbeitet von Meyers Lexikonredaktion, red. Leitung: Joachim Weiß; Dudenverlag, Mannheim, Leipzig, Wien, Zürich, 3. Auflage, 1996
- Eckert, Andreas: siehe Ansprenger, Franz, 1995
- Erbar, Ralph: siehe Geiss, Imanuel, 1992
- Farbiges großes Volkslexikon in zwölf Bänden, Band Nr. 4, Fe – Grie; Bibliographisches Institut AG, Mannheim, 1981

- Farbiges großes Volkslexikon in zwölf Bänden, Band Nr. 6, J - Las; Bibliographisches Institut AG, Mannheim, 1981
- Fiedler-Conradi, Sabine: siehe Gronemeyer, Reimer, 1991
- Flohr, Anne Kathrin: „Fremdenfeindlichkeit“, Biosoziale Grundlagen von Ethnozentrismus; Westdeutscher Verlag GmbH, Opladen, 1994
- Geiss, Imanuel u.a.: „Rassendiskriminierung, Kolonialpolitik und die ethnischnationale Identität“, Referate des 2. Internationalen kolonialgeschichtlichen Symposiums 1991 in Berlin; herausgegeben von Wilfried Wagner; LIT Verlag, Münster-Hamburg, 1992
- Gronemeyer, Reimer u.a.: „Der faule Neger“, Vom weißen Kreuzzug gegen

den schwarzen Müßiggang; herausgegeben von Reimer Gronemeyer; Rowohlt Taschenbuch Verlag GmbH, Reinbek bei Hamburg, 1991

- Haberl, Annedore: siehe Sand, George, 1990
- Haupt, Heinz-Gerhard: „Kleine Geschichte Frankreichs“, herausgegeben von Ernst Hinrichs; Verlag Philipp Reclam jun., Stuttgart, 1994
- Jandl, Paul: siehe Geiss, Imanuel, 1992
- Knaurs Lexikon: Band Nr. 4, S – Z, herausgegeben von Franz N. Mehling; Verlag Knaur, München, 1991
- Krebs, Ulrich C.A.: siehe Sand, George, 1994
- Kum´a Ndumbe III., Alexander: siehe Geiss, Imanuel, 1992
- Lamparter, Wilfried: siehe Gronemeyer, Reimer, 1991

- Martin, Peter: „Schwarze Teufel, edle Mohren“; Junius Verlag, Hamburg, 1993
- Maurois, André: „Das Leben der George Sand“, dtv biographie; Deutscher Taschenbuch Verlag dtv, München, 4. Auflage, 1995
- Oloukpona-Yinnon, Adjai Paulin: siehe Geiss, Imanuel, 1992
- Rakelmann, Georgia A.: siehe Gronemeyer, Reimer, 1991
- Sand, George: „Nimm Deinen Mut in beide Hände – Briefe“, herausgegeben und übersetzt von Annedore Haberl; Deutscher Taschenbuch Verlag dtv, München, 1990
- Sand, George: „Ein Winter auf Mallorca“, herausgegeben und übersetzt von Ulrich C.A. Krebs; Deutscher Taschenbuchverlag dtv, München, 9. Auflage, 1994

- Schweitzer, Albert: „Zwei Geschichten aus Lambarene“, herausgegeben von Friedrich Pfäfflin; Verlag Ernst Franz, Metzingen/Württ., 2. Auflage, 1986
- Schweitzer, Albert: „Leben, Werk und Denken“, 1905 – 1965, mitgeteilt in seinen Briefen; Verlag Lambert Schneider GmbH, Heidelberg, 1987
- Schweitzer, Albert: „Aus meinem Leben und Denken“; Fischer Taschenbuch Verlag GmbH, Frankfurt am Main, 1995a
- Schweitzer, Albert: „Zwischen Wasser und Urwald“, Erlebnisse und Beobachtungen eines Arztes im Urwalde Äquatorialafrikas; Verlag C.H. Beck, München, 1995b
- Sebald, Peter: siehe Geiss, Imanuel, 1992
- Seitz, Cornelia: siehe Gronemeyer, Reimer, 1991

- Stoecker, Helmuth u.a.: „Drang nach Afrika“, Die deutsche koloniale Expansionspolitik und Herrschaft in Afrika von den Anfängen bis zum Verlust der Kolonien; herausgegeben von Helmut Stoecker; Akademie Verlag, Berlin, 2. Auflage, 1991
- Stoecker, Helmuth: siehe Geiss, Imanuel, 1992
- van der Heyden, Ulrich: siehe Geiss, Imanuel, 1992
- Wolter, Frauke: „Karlheinz Böhm – Wie ein Star zum Helfer wurde“; Verlag Herder, Freiburg, 1997

Weitere Bücher von Stefan Wahle finden Sie unter

www.buch.guru

oder bei amazon.de